ПРОСВЕТА

zweite uberarbeitete Auflage

Mara Krezdorn

Der Blick in ein Leben

2014.

Der Blick in ein Leben

Wir trafen uns auf einem Schiff und teilten die gleiche Kabine, da es keine Freie mehr gab. Eine Frau, von mittleren Alter, etwas älter als vierzig, näher an die fünfzig.Sie hatte längeres, blondes Haar, die Augen schön, groß und grünbräunlich. Wir kamen uns näher, so fing sie an mir über ihr Leben zu erzählen.

„Ich würde gerne einen Roman über mein Leben schreiben. Ich denke er würde besser als jeder anderer sein, aber ich kann so etwas nicht".solang sie über ihre Jugend,Vergangenheit und Gegenwart erzählt,blickte sie zum Meer,als ob sie sich schämen würde.

Wir redeten fast die ganze Nacht. Sie erzählte leise über sich. Die Worte gingen im Brüllen des alten, verschlissenen Motors auf der Fähre und des unruhigen Meeres verloren. Der Lärm machte mir Angst und ich konnte kein Auge zu machen. Wenn ich keine Angst vor der dunklen, endlosen Nacht und den schrecklichen Meeresgeräuschen gehabt hätte, wäre dieser Roman nie ans Tageslicht gekommen.

So hatte ich diese Nacht ausgenutzt, um mir eine Frau anzuhören, die jemanden suchte um ihre Seele von der Last, die sie jahrelang in sich trug zu befreien. Sie dachte wahrscheinlich, dass es viel einfacher gewesen wäre etwas einer unbekannten Person, mir, zu gestehen, als einem Freund. Ich verstand sie vollkommen. Und für mich war sie die Rettung. Ich vergaß die Angst vor der endlosen Nacht auf dem unruhigen Meer und überließ mich ihrem Geständnis. Wir trennten uns als zwei Frauen die sich nicht kannten, die auf eine sehr nahe Art etwas gemeinsames gefunden hatten. Ein Vertrauen, Ehre und den Wunsch, dass wir uns wenigstens noch einmal im Leben sehen würden. Wer weiß?

Jahre waren vergangen und ich kam immer wieder zu Miras Geschichte zurück.

Ich dachte immer mehr darüber nach, dass ich diejenige sein würde, die ihre

Geschichte erzählen würde. Aber dafür musste die Zeit reifen, es musste Klick im Kopf machen.

Dieses geschah dann auch nach vielen Jahren. Die Zeit, um die Geschichte zu erzählen ist gekommen. Eine wundervolle und interessante Geschichte. Viele werden sich in diesem Roman wiederkennen und vielleicht werden sie auch etwas daraus lernen. Wie kann man etwas Gutes aus etwas Schlechtem herausziehen?

Ich sitze, besser gesagt liege im Bett. Mit geschwollenem

Gesicht, wie ein Kürbis wegen einer Augenentzündung, aber mit so einem wunderbarem Gefühl in der Seele, dass man mit etwas Neuem im Leben anfangen soll. Ich werde versuchen ein Leben zu beschreiben, ein ganzes Leben auf ein Blatt Papier zu übertragen. Ich hoffe, dass ich es auch schaffen werde...

Sie sagte mir – „Schreib, setz alles aufs Papier! Ich habe Angst vor dem Urteil der Anderen. Dies habe ich noch nie verkraftet". Ihre Eltern hatten ihr immer wieder das berühmte–„was werden die Leute sagen"–wiederholt. Auch für den kleinsten Fehler den sie machen würde oder sie machen könnte. Die Worte waren immernoch in ihrem Kopf und sie musste sich auf jeden Fall von denen befreien.

Es wurde aber auch Zeit, nach etlichen Jahren- genauer gesagt vierzig und mehr.

Wir lebten im Vorort einer kleinen Stadt, in einem kleinen Haus mit zwei Zimmern und einer Küche. Das Haus war winzig und wir waren zu fünft. Es gab nicht genügend Platz für alle. Wir waren arme Schlucker. Nur der Vater arbeitete und das Geld reichte nie aus, nicht einmal für die grundliegenden Sachen. Wir konnten mit dem Haushaltsgeld vom Anfang bis zum Ende des Monats kaum über die Runden kommen. Ich habe zwei Brüder. Mirko und Milos.

Mirko ist ein rundlicher Junge, hübsch, mit schwarzen Haaren und braunen Augen, aber auch etwas ängstlich. Er ist sehr emotionell und hat eine wirklich gute Seele. Jeder konnte das merken und natürlich nutzten einige dieses auch aus. Er war nie vorlaut. Wenn er mal von Freunden geschlagen wurde, wartete dasselbe auf ihn zu Hause, vom Vater. „Du Schwächling, hast du keine Hände um dich zu schützen?!"

Und – Klatsch!-eine Ohrfeige. Er packte sich an die Wange und lief weinend hinters Haus ,in den Garten,um sich zu verstecken, da er sonst noch mehr Ohrfeigen bekommen würde. Denn, wenn der Vater ihn weinend gesehen hätte, hätte es ihn noch übler erwischt. Der Vater hatte einen frechen Charakter und er ließ seine Wut sehr oft an Mirko aus.

Der jüngere, Milos war klein und frech, und jeder musste nach seiner Pfeife tanzen. Wenn er etwas bekommen wollte, nörgelte er wie üblich den ganzen Tag herum bis er es endlich bekam. Ihn interessierten die Gefühle anderer nicht. Ob er jemanden wegen seiner Wünsche und seiner Laune verletzen würde–das war ihm egal. Er musste bekommen was er wollte. Unserer Mutter gelang es irgendwie immer auf ihre Art alles zu besorgen. Bis Heute weiß ich immernoch nicht wie ihr das gelang. Ich sah sie sehr oft,wegen Milos Verhalten weinen und das gab mir jedes Mal ein Stich ins Herz.

Ich bin Mira, ein schlankes Mädchen, mit dunklem Tain und grün-braunen Augen.

Man sagt ich wäre hübsch. Einer meiner Onkeln nannte mich Kleine Zigeunerin.

Als ich älter wurde, wurde auch mein Teint heller. Die Haare wurden braun, stellenweise goldig. Ich wusste, dass ich schön war und das schätzte ich auch. Ich ging immer mit hoch gehobenem Kopf. Stolz, als ob die ganze Welt mir gehören würde. Noch als ich klein war, träumte ich von einem besseren Leben als das ich hatte. Während ich über Lagator ging, so hieß eine große Wiese über die ich bis zum Hauptweg zur Schule mindestens zehn Minuten laufen musste, war ich in meiner eigenen Welt, wo alles schön und fröhlich war. Die Worte meiner Professorin Ljubica verließen nicht meine Gedanken: - „Kinder, wenn ihr zu Hause seid, nehmt euch wenigstens eine viertel Stunde Zeit um zu Träumen. Das ist sehr wichtig im Leben. Ihr könnt eine Prinzessinen sein, euere eigene Jacht besitzen, den schönsten Prinz auf einem weißen Pferd haben. Das gehört alles euch und keiner kann es euch wegnehmen". So war es auch. Ich träumte jeden Tag und meine Träume waren kunterbunt. Danach aber war die Rückkehr aus dem rosaroten Träumen wirklich ätzend ....

Der Vater war der Kopf des Hauses. Etwas dicker mit dünnen Beinen und einem schönen Gesicht. Er hatte einen scharfen Blick. Wenn er wütend war, dachte man er könnte dich mit seinem Blick umbringen. Es war selbstverständlich, dass er der Kopf des Hauses war, wo seinen Befehlen oberstes Gebot waren und jeder, der widersprach umgehend verprügelt wurde. Er trank gerne ein Schnäpschen, aber meistens waren es auch zwei. Wenn Mutter ihm wegen seines hohen Blutdrucks keins mehr geben wollte, ging er in die Nachbarschaft wo er sich betrank und alle zu Hause fürchteten sich wegen seiner Wutanfälle.

Und es war gängig, dass er wütend war. Manchmal konnte er auch fröhlich sein, Spaß haben. Aber hauptsächlich wenn jemand kam, sodass die Leute dachten er wäre ein guter Mensch, etwas stürmisch. Im Ganzen war er schon ein guter Mensch. Vielleicht wäre sein Leben anders verlaufen, wenn seine Wirbelsäule ihn nicht geplagt hätte. Wenn er Schmerzen hatte, versuchten wir alle nicht in seiner Nähe zu sein, um dem Prügel mit dem Stock auf den Hintern zu vermeiden. Dann war er wütend wie ein Wolf. Ich kann mich noch gut erinnern, einmal hat er alle Tomaten im Garten zerfetzt, weil Vögel gekommen waren und einige abgepickt hatten. Er beschimpfte Mama weil sie nicht im Garten gesessen und auf die Tomaten aufgepasst hatte. Sie kam aber noch gut davon, er hatte sie nicht geschlagen.

Mutter war von Natur aus eine schöne Frau mit schwarzem Haar und braunen Augen, aber mit ganz eingefallenem Gesicht und immer bereit alles und jeden zu kritisieren. Sie war etwas besserwisserisch. Auf diese Art wies sie die Leute von sich ab. In der Nachbarschaft gab es immer jemanden, der nicht gut genug für sie war, mit dem sie nicht sprach und natürlich durften auch die Kinder nichts mit schlechten Leuten zu tun haben.

War oft sie die mit schlechter Laune und voller negativer Energie,doch wenn sie mal lachte, und dieses war selten der Fall, funkelten ihre Augen, ihr Gesicht wurde weicher und dann war sie eine sehr hübsche Frau. Ich hatte mir tausendmal gewünscht diese Mama zu haben und nicht die schlecht Gelaunte. Eine schöne Frau und wenn es den scharfen Blick nicht gegeben hätte, wäre sie immer hübsch gewesen.

Der Vater war sehr grob, hob ohne Überlegung immer seine Hand gegen die Mutter und sie verteidigte sich nicht dabei. Gott, wie ich ihn damals hasste. Und ich denke, dass ich ihn gerade deswegen auch nie geliebt hatte. Wenn die Schwiegermutter, unsere Oma zu Besuch kam wurde Mutter immer vom Vater geschlagen Einmal, als ich so ungefähr sieben Jahre alt war konnte ich ihr weinen als er sie schlug nicht mehr ertragen, sodass ich ihn mit einem Feuerhacken über die Beine schlug. Er stand vor Überraschung still und hörte mit der Schlägerei auf. Natürlich bekam ich den Rest. Ich hasste ihn in solchen Momenten mit ganzer Seele und stellte mir vor wie schön es wäre, wenn wir alleine ohne ihn leben würden. Seinen eigenen Vater nicht zu lieben? Schrecklich. Eine große Last für eine junge Seele.

Jedes Mal wenn er sie geschlagen hatte, und es kam oft vor, ging sie in den anderen Raum, schluchzte und man konnte nur hören,wie sie ihn verfluchte– „Mögen die Würmer ihn auffressen". Jedes Mal bekam ich Gänsehaut als ich es hörte und wurde traurig wegen meiner Mutter die am weinen und fluchen war, sodass ich einen Kloß im Hals bekam und den nicht schlucken konnte. Dann betete ich zu Gott, dass ich eines Tages alles verlassen würde und irgendwo weit, weitweg hinginge, um mehr zu sehen als den wütenden Vater. Aber sofort schämte ich mich schon wegen meiner Gedanken. Wenn ich so denke, dann bin ganz schlecht.Aber die Gedanken kamen jedoch immer wieder.

Wenn ich meine Kindheit näher beschreiben müsste würde ich sagen, dass sie wertlos ist. Es gab keine schönen Sachen. Nur traurige Armut. Ohne Gefühle. Wir Kinder konnten keine Wärme und keine Gefühle von unseren Eltern erwarten,wir schwärmten so oft. Wir hofften,dass ein Tag mal ohne Brüllen und Schläge vergingen konnten. Zwischen dem Bedürfnis,einfach alles zu vergessen und neu anzufangen hatte ich auch die Sehnsucht nach Liebe.

Nun, Man kann nicht einfach alles vergessen. Wir alle tragen die Last unseres Lebens auf der Schulter.Manchmal befreien wir uns von der Last,indem wir uns selbst belügen.

Ich verschwand in den wunderbaren Geschichten aller gelesenen Romane und stellte mir vor, dass ich glücklicher und mein Leben schöner war, wo Liebe und das Gute immer gewinnen. Jeden Tag glaubte ich an eine Wendung in meinem Leben. Ich wusste und wünschte mir es. Träume, die einmal in Erfüllung gehen würden. Ich glaubte fest daran und träumte davon.

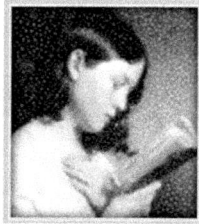

Heimlich laß ich ständig Romane und wenn meine Mutter mich dabei erwischt schlug sie mich und schrie:

Wo hast du schon wieder deinen Kopf verloren? Du Gans, du und deine Romane!

Nimm besser ein Schulbuch! Ich will nicht mehr sehen, dass du sowas ließt!" Dann zog sie mich an den Haaren und schlug mich auf den Kopf. Meine Mutter hatte mir nie ihre Liebe gezeigt. Sie nahm mich nie in den Schoß und kuschelte auch nie mit mir, wie andere Mütter es mit ihren Kindern taten. Dabei sehnte ich mich so sehr danach. Ich brauchte ihre Liebe, dass sie mit mir kuschelte, sich um mich kümmerte und mit mir redete. Sie hatte mich schon geliebt aber sie hatte dass nie gezeigt.

So etwas gab es in unserer Familie nicht. Jedes Mal wenn sie mir eine auf den Kopf verpasste oder sie mich an den Haaren zog, tat es sehr weh. Nicht wegen der gezogenen Haare, sondern wegen der Mutterliebe die mir fehlte, der schönen Worte, die ich jeden Morgen von der Mutter meiner

Schulfreundin hörte:

Komm Schatz, iss". Und es gab sämtliches zu Essen...Ich spürte wie mir das Wasser im Mund zusammenlief. Ich jedoch aß jeden Morgen gebackene

Teigblätter mit Marmelade. Nicht, dass es ich nicht mochte, ich mochte den Geruch der gebackenen Teigblätter, und wie. Als ich morgens aufstand, waren sie schon auf dem Tisch für mich vorbereitet und den Geruch kann ich heute noch riechen.

Das ist ein Teil meiner Kindheit. Mutter,hat mit ganzer Kraft und Mühe alles gegeben um gut zu kochen und zu backen. Aus garnichts konnte Sie was herzaubern.Sie konnte gut kochen und backen. Dabei war es nicht wie bei anderen man hatte nicht genug. Und ich gab ihr nicht die Schuld dafür, war nur traurig und fragte mich warum wir auch nicht wie andere Leuten so leben konnten. Ich war ein Kind und ich konnte nicht verstehen warum andere etwas hatten und wir nicht.

Und es gab keine Antwort. Man hat es oder nicht und fertig! Der Vater arbeitete alleine für eine fünfköpfige Familie. Gewöhnlich sagte er: „Fünf Köpfe soll man satt kriegen und ich habe nur zehn Finger an den Händen!"

Viele werden sagen, dass es lächerlich ist soviel Bedeutung für eine solche Sache zu geben. Ich jedoch fand das nicht lächerlich. Es handelte sich um die Armut und wie wenig ich nur brauchte um zufrieden und glücklich zu sein, allein wenn es etwas Gutes zu Essen gab. Für viele sind solche Dinge von gar keiner Bedeutung, aber für mich waren sie damals lebenswichtig.

Heute, wenn man sich viel leisten kann verlieren die schönen Dinge irgendwie an Wert. Man kann sich fast alles gönnen, aber man ist wieder nicht zufrieden. Im Gegenteil.

Ich habe auch weiter heimlich Romane gelesen, sodass meine Mutter und mein Vater es nicht merken. Mein Bruder Milos erpresste mich immer. Wenn er etwas brauchte, erpresste er mich üblich damit, dass er es Mama sagen würde, dass ich lese, obwohl ich lebenslang Verbot bekommen hatte. Und er bekam natürlich immer was er wollte. Ich laß und träumte aber weiter. Jetzt schon über Liebe, wie derzeit alle meine Gleichaltrigen. Über die starke und ewige Liebe und den Reichtum.

Mutter predigte und drohte mir immer wegen den Jungs Lass dich bloß nicht erwischen wie du mit jemandem rummachst, nimm dich in "Acht ich bringe dich um!" – die Worte waren immer in meinen Gedanken:

Wovon sprichst du überhaupt? Sowas mach ich sicher nicht, ich bin doch nicht blöd". Aber so wie es aussieht, war ich es doch. Gerade das passierte und zwar, so in den siebziger Jahren. Meine erste Liebe.Ich war fünfzehn, eine meiner Verrücktesten Jahre. Die Zeit wenn du über das Glück, die Liebe und den ersten Kuss träumst, wenn du meinst ,dass die Welt stehen bleiben würde wenn er,mein Schwarm,mich küssen würde. Er wusste selber nicht, dass er mein Schwarm war.

Meine erste geheime Kinderliebe. Der Nachbar Dole. Hübsch, seine Augen himmelblau. Wenn er mich ansah, bekam ich Gänsehaut und stellte mir vor, wie es sein würde wenn er mir den ersten Kuss geben würde. Werde ich vielleicht das Bewustsein verlieren? Ich war immernoch ungeküsst. Er war genauso jung und verrückt wie ich. Eines Tages berührte er mich aus Versehen und ich dachte schon,dass ich den Verstand verlieren würde. Ich fing an zu stottern und glühte im ganzen Gesicht, als hätte ich Feuer gefangen. Alle merkten es und ich empfand es als Scham. Ich wünschte er hätte mich umarmt, mich ganz fest in seinen Armen gehalten, sodass ich seine Umarmung fühlen konnte, aber ich traute mich nicht und er auch nicht. So vergingen die Tage und die versteckten Blicke von beiden Seiten und ich träumte voll verliebt wie ich war, dass wir irgendwo allein und glücklich waren.

In der Zeit war es üblich aufs Korso (Fußgängerzone)zu gehen. Alle meine Freundinnen gingen nach der Schule dorthin.Die Schule endete um sechs Uhr abends. Alle gingen, alle außer mir. Ich durfte nie bleiben. Vaters Befehl war das Gesetz. Gott, wie ich ihn in diesen Momenten nur hasste! Nichts konnte ich tun, wie die anderen Kinder. Er verbat mir alles. „Das sind alles schlechte Mädchen und haben keine normalen Eltern, wenn die so etwas zulassen" – Er sagte täglich zu mir – „Du wirst nicht wie die anderen! Wenn du auch nur einmal mit ihnen abhängst, werde ich es dir zeigen."

„Heute Abend ist Dole mit uns auf dem Korso, warum kommst du nicht auch mit, wir bleiben nicht lange?" Meine Freudinnen versuchten mich wieder zu überreden.

Ich wusste nicht was ich machen sollte. Sollte ich gehen, oder nicht?Er stand am anderen Ende der Straße und ich blickte in seine wunderschönen,blauen Augen, plötzlich wusste ich,wie ich mich entscheiden sollte: Ich gehe! Komme was wolle.

Meine Hand schmiedete sich um seine. Wir gingen händchenhaltend spazieren und ich platzte fast vor lauter Glück. Wir waren zu acht in einer gemischten Gruppe.Alle waren so sorglos und einige von den Jungs erzählten Witze.Jeder lachte,nur ich war mucksmäuschenstill.Ich konnte mir schon denken was mich zu Hause erwartete.Auf einmal sah ich Vater auf mich zukommen.Vater mit einem großen dünnen Stock.

Du verdammtes Miststück, jetzt werd ich es dir zeigen!" Mit roten Drachenaugen, schnappte er sich meine Hand und fing an über meine dünnen Beine zu schlagen.

Vor all meinen Freunden. Der dünne Stock den wir immer im Haus hatten und der immer hinter der Tür stand, für den Fall der Fälle, biegte sich um meinen Poo und um meine Beinen und hinterlies rote Spuren. Der Schmerz durchfloss meinen Körper aber ich weinte nicht, es gab keine Tränen. Nur den Scham, dass ich so einen blutdunstigen Vater hatte. Ich schämte mich vor meinen Freunden und Freundinnen. Und vor Dole.

Der Schmerz zerriss meine Seele und floss meine Beinen entlang. Jetzt ist alles zu spät und ich wollte vor Scham im Boden versinken.

Am Liebsten wollte ich sterben.

Und er, die Liebe meines Lebens, lief weg. Er ließ mich allein mit meinem blutdunstigen Vater, der mich umbringen würde. Warum beschützte er mich nicht?

Auf einmal starb alles in mir. Der Wille fürs Leben, für die Existenz. Ich lief nach Hause zu meiner Mutter, um sich bei ihr von ihm beschützen zu lassen. Ich wollte, dass sie mich in den Arm nimmt und tröstet. „Was hast du anderes erwartet, wenn du mit den verückten Mädchen rumläufst!"

Und dann – Klatsch! – eine Ohrfeige.

Alles wurde schwarz vor meinen Augen. Ich rannte ins Haus und betete zu Gott, dass er mich in den Himmel brachte und verschwinden ließ. Aber die Realität sieht anders aus. Man kann nicht sterben wann man will, sondern wann es bestimmt ist.

Wie sollte ich den nächsten Tag in die Schule gehen und meinen Freunden und Freundinnen in die Augen sehen, natürlich ihm auch – Dole. Nur, er war nicht mehr mein Dole, sondern ein Verräter. Ich wollte ihn nicht mal ansehen. Meine erste Liebe endete jämmerlich und starb für immer.

In dem Moment, auch wenn ich noch jung war, wusste ich was ich wollte – Liebe, Verehrung, Leben in Reichtum und Freiheit! Die Freiheit des Lebens, ohne mich von irgendjemanden oder irgendwas fürchten zu müssen und – meinen Vater nie wieder sehen zu müssen. Dann kam wieder das Schuldgefühl. Er ist immerhin mein Vater...Vielleicht hat er recht, vielleicht bin ich wirklich schlecht! Vielleicht wollte er mich auf seine Art beschützen, vom Schlechten,das auf mich zukommen könnte. Sicher wusste er es nicht anders. Er dachte, dass er mir Gutes antun würde wenn er mich von Zeit zu Zeit mal verprügelte ohne überlegen zu können,dass es wahrscheinlich falsch war.

Dann entschied ich mich vorwärts zu schauen, einen Ausgang aus all dem, ein besseres, glücklicheres Leben zu suchen. All das bekam ich auch viele Jahre später. Mit der Kraft des eigenen Willens und des selbst bestimmten Ziels. Ich hatte ein Ziel im Leben und gab nicht auf. Einmal musste es sich verwirklichen. Es war nicht leicht, aber ich habe es geschafft.

Das war ein Abschnitt meines Lebens wo es nicht viele schöne Erinnerungen gibt.

Es gibt viel mehr Trauriges und Hässliches. Aber man kann sich seine eigenen Eltern nicht aussuchen. Sie haben mich geliebt auf ihre Art ,nur haben sie das auf ihre Art gezeigt.in der Zeit war es einfach so... Sie dachten sie würden das Beste von sich geben, sicherlich taten sie es auch, sie wussten es nicht anders. Und mir fehlte die Elternliebe so sehr, als auch die Unterstüzung die ich nie gehabt hatte.

Es beginnt das zweite Kapitel meines Lebens das sich sehr vom ersten unterscheidet. Ich bin Erwachsen, arbeite und habe mein eigenes ich. Weit weg vom wütenden Vater der nie ein schönes Wort für mich hatte. Trotzdem fehlten sie mir, Mama, aber auch die Brüder. Ich bin in eine andere Stadt umgezogen, wo ich in einer Schuhfabrik eine Arbeitstelle bekommen habe. Ich nähte die Oberteile für Schuhe zusammen mit weiteren hundert Frauen. Während der Pause hört man das Lachen der fröhlichen Frauen. Man lebt ganz anders als bei uns, wo man immer nur schimpft..

In der Wohnung ,die mir Mutter gefunden hat, teilte ich ein Zimmer mit meiner Kollegin und ich kam gut zurecht. Ich lebte mit einer fremden Familie. Nette Leute. Es war sehr ruhig im Haus. Trotzdem fühlte ich mich nicht wohl. Es war nicht mein Haus und es war nicht das, was ich vom Leben erwartet und was ich mir selbst als Aufgabe gegeben hatte. Aber ich sollte es langsam angehen, es ist nur der Anfang der Erfüllung meiner Träume und Fantasien. Das wichtigste wird noch kommen.

Mit dem Wenigen, das ich in der Schuhfabrik verdiente, schaffte ich es kaum bis zum Ende des Monats. Es gab kein Geld für schöne Kleidung oder fürs Kino. Es sollte nur fürs Essen und die Miete ausreichen.

Wo sind meine Hoffnungen auf ein schönes und besseres Leben geblieben? All das hier, sieht mir mehr einer großen Armut ähnlich, einer reinen Plagerei vom Anfang bis zum Ende des Monats. Und das wollte ich nicht. Ich will ein besseres Leben! In mir bestand der Wunsch nach etwas Besserem, Schönerem.

Und da ich von Natur aus dickköpfig bin, musste ich es schaffen, denn ich hatte ein Ziel das ich erreichen musste. Irgendwo tief in meiner Seele wusste ich, dass irgendwo weit weg, er, mein Traummann, auf mich wartete. Groß, stark, vermögend, der mir alles geben würde-Liebe, Ehre, Kinder und Reichtum. Nur, dieser Er kommt und kommt nicht. Und meine achtzehn Jähriges Ich möchte sofort alles haben.

So kam ich eines Tages von der Arbeit und auf mich erwartete eine richtig schöne Überraschung. Als ich ins Haus kam, stellte mir die Vermieterin, eine kleine, freundliche, aber kränkliche Frau, einen hübschen jungen Mann vor, der nicht ganz mein Traummann war, aber schöne blaue Augen hatte. Derzeit hatte ich eine Schwäche für blaue Augen. „Hallo, ich bin Zarko und ich bin gekommen um mich von meinen Verwandten zu verabschieden. In zwei Wochen reise ich nach Deutschland, ich gehe dorthin um zu arbeiten!"

„Oho, Deutschland! Hast du es gut"-dachte ich mir und wünschte ich wäre an seiner Stelle. Deutschland, das Traumland. Ich hörte so viel Schönes von Leuten die dort lebten und arbeiteten. Sie kamen mit viel Geld und großen, modernen Autos, schön gekleidet und trugen dicke, goldene Armbänder. „Das würde ein Leben für mich sein!Weit weg von dieser Provinz"-dachte ich . Die Vermieterin kochte einen Kaffee und lud mich auch ein, um mit Zarko einen zu trinken. Er saß gegenüber von mir und betrachtete mich. Ganz wohl fühlte ich mich nicht dabei. Ich hatte das Gefühl, als ob ich auf einer Prüfung war und unter Lupe stand.

„Hey, Mira, würdest du mit mir spazieren gehen?"-zog mich Zarko aus meinen Gedanken.

„Ich will, ich will. Warte, ich mach mich nur schnell fertig".

Ich bin ins Zimmer gelaufen, als ob ich Flügel bekommen
hätte, um etwas Schöneres anzuziehen. Ich wollte hübsch
für ihn sein. Auf dem Korso spazierten wir in der Menge
von anderen Leuten, Jungen und Verliebten, die Hand in
Hand spazierten. Als ob er meine Gedanken lesen konnte,
nahm mich Zarko an die Hand und ich fühlte mich einfach
großartig.

Ich bekam keine Gänsehaut,es war einfach nur angenehm.

„Willst du mit mir nach Deutschland?"-fielen die Worte wie
vom Himmel und ich dachte ich träumte. Es konnte nicht
wahr sein. Wir kannten uns doch nur erst seit zwei Stunden
und er fragte mich schon ob ich mit ihm nach Deutschland
ziehen würde. Ich glaubte,dass ich was missverstanden
habe,doch als ich es realisierte,dachte ich mir-" dieser Mann
hat seinen Verstand verloren"

„Wie? Wir kennen uns doch erst seit ein paar Stunden?",fragte ich verwundert.

„Das macht überhaupt nichts. Manche Leute kennen sich jahrelang und dann klappt ihre Beziehung auf einmal nicht mehr. Du gefällst mir, bist ein hübsches Mädchen"-dann umarmte und küsste er mich. Und ich, ich fing an aus einem unerklärbaren Grund zu weinen.

Irgendwie hatte sich alles in mir gesammelt. Die ganze Traurigkeit und Unzufriedenheit, die mich jahrelang gequält hatte und mir im Rachen standen, fingen an sich wie ein Bund durch meine Tränen abzukapseln.Ich musste mein hysterisches Heulen unterdrücken.

„Weine nicht, alles wird gut! Morgen gehen wir zusammen in die Firma, dann kündigst du und in zwei Wochen sind wir über die Grenze!"

Wie verrückt! Alles kam mir so schnell vor. In zwei Wochen. Und dann bekam ich Angst. Was mache ich da? Mein ganzes Leben lang träume ich von der großen Liebe und jetzt bin ich auf einmal bereit mit einem fremden Mann ein gemeinsames Leben anzufangen. Das was ich für ihn empfinde ist doch nur Zuneigung...

Ohne Liebe. Was bedeutet Liebe überhaupt? Mit ihm fühlte ich mich zum ersten Mal sicher und geliebt. Ich hatte Dole geliebt und er hatte mich im Stich gelassen.

Und warum sollte ich nicht gehen? Zarko sah gut aus, hatte Charakter, das merkte man sofort. Dann hatte er noch ein gutes Verhalten, was mich sehr beeindruckte.

Ich fühlte mich wertvoll und wichtig mit ihm.

„Ich habe Verwandte in Deutschland. Sie werden uns sofort eine Wohnung und Arbeit finden. Wir müssen uns keine Sorgen machen ", und so gab mir mein

Zukünftiger Mut.

Besser konnte es nicht werden. Mein Herz fing an zu singen und ich fühlte mich irgendwie glücklich. Zu dem Zeitpunkt wusste ich nicht was für Probleme in einer Ehe ohne Liebe auf mich zukommen würden. Aber darüber dachte ich später nach.

Am Schwersten war es zu meinen Eltern zu gehen und ihnen mitzuteilen, dass ich mit einem unbekannten Mann in ein fremdes Land gehen würde. Ich hatte große Angst vor dessen Reaktion. Damit täuschte ich mich. Der Vater, überglücklich, umarmte den zukünftigen Schwiegersohn „Was denn sonst! Geht nur! Deutschland ist eine Wucht, dort werdet ihr Geld verdienen". Das war das wichtigste für ihn, ich war ihm gleichgültig, ob ich glücklich war oder nicht. Das war nicht wichtig und ich fühlte mich durch meinen Vater versetzt. Als ob er darauf wartete mich so schnell wie möglich loszuwerden.

Mutter nahm mich zum ersten Mal in die Arme. Ihr kamen die Tränen und ich verzieh ihr im Moment alles, alles was sie mir im Leben verweigert hatte. Ich meinte nicht materiell, sondern die Liebe die sie mir nie gegeben hatte und das Verständnis. Dieser Mangel, diese untersagte Liebe, verfolgt mich noch heute mit meinen neunundfünfzig Jahren.

Es begannen die Vorbereitungen für die Abreise nach Deutschland, in ein besseres Leben. In das versprochene Land. Alles geschah irgendwie rasch und eilig.Ich glaubte ich wäre verzaubert.Alles war wie in einem Traum. Träume über ein schönes Land voll mit schönem Versprechen und Hoffnungen, dass die Träume auch in Erfüllung gehen würden. Derzeit glaubte ich fest daran, dass es ein Anfang der Erfüllung meiner schönen Träume war.

Die zwei Wochen gingen auch vorbei und wir setzten uns in einen Zug Richtung Belgrad-Düsseldorf. Die Fahrt in ein neues Leben und ich hoffte auf ein besseres und glücklicheres Leben.

Mein Zukünftiger und ich haben immernoch nicht zusammen geschlafen. Bevor wir in den Zug nach Deutschland umstiegen, hatten wir bei seiner Schwester übernachtet. Da war unser erster körperlicher Kontakt. Dann spürte ich zum ersten Mal den Geruch seiner Haut und er war nicht der Richtige. Die erste Enttäuschung.

Wo war das Gefühl, dass man hat wenn man zu jemanden eilt, sich an ihm kleben und in seinen Armen liegen möchte, sich wünscht von ihm nie wieder getrennt zu werden, wie in den Romanen? Nichts davon, nur ein unwohler Geruch. Und Sex...Wir hatten es versucht, aber es ging nicht.

„Ich habe mich so sehr nach dir gesehnt und bestimmt ist es deswegen so ausgefallen"-erklärte Zarko schämend-„wenn wir in Deutschland sind wird alles anders sein". Unsere erste Nacht zusammen. Ein Fiasko. Es macht nichts, tröstete ich mich selbst. Wenn wir in unserer schönen Wohnung sind wird alles anders.

Auch mit uns beiden. Dies war nur der Anfang, alles würde gut sein. Ich tröstete mich und hatte Angst vor der Ungewissheit. Und in der Seele und im Herzen wusste ich, dass ich einen großen Fehler gemacht hatte indem ich mit ihm los gefahren war. Es war keine Liebe, es war Anziehung. Das war nicht das, was ich erhofft und worauf ich mein ganzes Leben lang gewartet hatte-Liebe. War das zwischen uns genug für ein langes, glückliches Zusammenleben? Ich glaubte es nicht. Aber das Leben würde es schon zeigen.

Wir waren in Bielefeld angekommen. Eine wunderschöne Stadt. Groß mit wunderschönen Häusern und noch schöneren Terrassen mit einer Menge voll Blumen geschmückt. Wie im Paradies. Für mich, die nie weiter als bis nach Belgrad gereist ist, war es wie im Paradies. Meine Seele wurde mit Schönem erfüllt und mein Herz sang. Es war so schön hier, ich wollte mein ganzes Leben hier verbringen! Wir kamen vor ein schönes Gebäude, mit vielleicht vier bis fünf Obergeschossen und einem wunderschönen Garten. „Hier sind wir. Wir sind angekommen. Hier wohnt mein Bruder und hier ist auch unsere Wohnung"-sagte Zarko stolz.

Und die schöne Wohnung bestand nur aus einem Zimmer mit Waschbecken, ohne Küche und Bad. Alles in einem Raum. Das war der erste große Schock für mich und dann nahm ich mein Schicksal in die Hand. Es würde besser werden hoffte ich. Zurück konnte ich nicht. Wo sollte ich zurückkehren? Ich hatte kein Geld, keine Arbeit, nichts und niemanden.

Zum Vater und der Mutter konnte ich nicht.

Ich dachte sie würden mich umringen wenn ich zurückkäme.

„Akzeptiere alles was du hast und sieh zu das Beste daraus zu machen"-sagte ich mir.

Und langsam gewöhnte ich mich dran. Wenn Zarko auf der Arbeit war, putzte ich die Wohnung , wusch und bügelte und kochte auf einer einteiligen Kochplatte. Ich konnte nicht arbeiten, da ich keine Arbeitserlaubnis hatte. Ich konnte auch kein Deutsch und ohne Sprachkenntnissen kann man mit Leuten nicht kommunizieren.

Als ob du Stumm wärst. Ich musste es schnell lernen, aber wie? Nichts war so einfach wie wir uns es vorgestellt hatten. Leben in einem fremden Land ist schwer.

Wenn du keine Arbeit hast, hast du gar nichts.

Ohne Zarko zu heiraten kriegte ich keine Arbeitserlaubnis und ohne Erlaubnis hatte ich auch keine Arbeit. Mit nur einem Gehalt hatten wir noch nicht mal genug fürs Essen. Ins Ausland gehen und es dort zu schaffen-ist nicht leicht. Und von einem schönen Leben, war überhaupt keine Rede. Man muss wenigstens ein Paar Jahre hart arbeiten. Wir mussten sofort heiraten, sodass ich auch arbeiten konnte.

So kam es auch zu unserer Eheschließung. Wir gingen nach Zagreb. Ich in einem kurzen plissierten Röckchen und er in einer Jeans. Willst du mich-Ich will, und so endete das. Nicht mal nahezu dem wie ich es mir mein ganzes Leben vorgestellt und wovon ich geträumt hatte. Keiner war dabei, außer Zarkos Verwandten. Wir sind sofort nach der Traung nach Deutschland zurückgekehrt. Ich hatte nur ein Leergefühl in meiner Seele, war nicht glücklich, hatte das Gefühl, dass ich überhaupt nicht geheiratet hatte, es sah alles so aus als ob wir irgendein Geschäft abgeschlossen hatten, das abgeschlossen werden musste und nichts mehr. Ich fühlte mich nicht als Braut, als glückliche Ehefrau. Im Gegenteil. Hohl in der Seele und im Herzen. Ich war jeden Tag traurig und gab mir Mühe, dass Zarko es nicht merkte. Ich spielte die glückliche Ehefrau.

In der Zwischenzeit hatte ich die Arbeitserlaubnis bekommen und ich fing in einer Fabrik an zu arbeiten. Ich fühlte mich sofort anders, hatte eine Pflicht und weniger Zeit zum überlegen, was für ein Fehler ich nur gemacht hatte. Jetzt verdienten wir beide und es war einfacher. Wir hatten etwas Geld gespart und uns eine größere Wohnung gemietet, die ein Zimmer, eine Küche und ein Bad hatte. Es funkte wenigstens etwas zwischen uns beiden.

Wir fingen an miteinander gut auszukommen, wir besprachen alles, aber irgendetwas fehlte. Jeden Tag wachte ich mit einer Leere in der Seele auf, ich fühlte mich allein. Ich hatte einen guten Freund in Zarko. Das ganze Verhältnis war auf Freundschaft gegründet, wo es keine Liebe gab, die ich so brauchte gab.

Sex wurde nur eine Pflicht. Etwas was man machen musste, um ein Kind zu bekommen, ohne ein bisschen Sehnsucht und Leidenschaft.

Nach dem „Ereignis", drehte sich Zarko auf die andere Seite und schlief, schnarchte. Und ich lag lange wach, leer, manchmal weinte ich auch aber passte auf, dass er es nicht merkte. Ich wünschte mir auch ein Baby, aber es kam einfach nicht.

„Vielleicht bin ich unfruchtbar"-kam mir immer öfter durch den Kopf. Derzeit war es so. Sobald du heiratest, musstest du sofort schwanger werden, sonst wärst du „eine Fruchtlose" gewesen. „Vielleicht bin ich eine von denen"-dachte ich immer öfter und ich weinte zu jeder Periode. heut' zu Tage ist es anders, mehrere Jahre vergehen und keiner gibt dem eine Bedeutung.

Und so fing ich heimlich an zu weinen, war traurig, man sah in meinen Augen die Traurigkeit und nicht nur wegen dem Baby das nicht kam, sondern auch wegen uns beiden. Es war nicht das Leben,dass ich erwartet hatte, voller Liebe und Leidenschaft über die ich in Romanen gelesen hatte. Nur Freundschaft und Ehre und das war für ein langes und glückliches gemeinsames Leben nicht genug.

Ich vergaß das alles an meinem glücklichsten Tag als ich erfuhr, dass ich schwanger war. Nach langen Versuchen-schwanger! Was für ein Glück, was für eine Freude für beide!

"Gott sei Dank meine Frau"-wie Zarko mich gewohnt nannte „jetzt werden wir auch einen Sohn haben"-und leuchtete vor Glück.

"Vielleicht wird es ein Mädel! Ich wünschte mir ein kleines Mädchen". Und so ging ich und kaufte alles in rosa, die ganze Kleidung, alles was sie brauchte. Aber Stefan wurde geboren.

Das süßeste Baby, dass je geboren wurde! Richtig wie ein

Mädchen, mit langem, lockigem Haar. Meine Freude und mein Stolz. Was für eine Freude das ist, können nur Frauen die selbst Mütter sind verstehen. Das kann man nicht in Worten erklären, man kann es nur mit dem Herzen fühlen und auf kein Blatt Papier übertragen. Es ist unmöglich.

Mein Sohn, mein Erstling, mein Glück. Ich glaubte, dass keiner auf der ganzen Welt glücklicher war als ich, als ich ihn zum ersten Mal in meinen Armen hielt. Ich hatte das Gefühl ich konnte ihn einsaugen. Stefan, ein großes, schweres Baby, welches nur weinte und immer Hunger hatte.

Er wuchs wie aus dem Wasser, wie unsere Omas es sagten, und war hübsch wie ein Engel. Die deutschen Frauen wunderten sich wenn ich mit ihm im Kinderwagen spazieren ging, machten Augen. So ein schönes Kind hatten sie noch nie gesehen und ich war ganz stolz. Zwei Monate nach der

Geburt meines Sohnes, musste ich anfangen zu arbeiten. Das deutsche Gesetz.

Probleme fingen an-was soll ich mit ihm machen, wo soll ich ihn lassen, wer wird auf ihn aufpassen? Und arbeiten muss ich ja, sonst kann man mit einem Gehalt nicht überleben. Nun begann das Wandern von einem zum anderen Kindermädchen. Es tat so weh, dass ich nicht mit ihm sein konnte. Er weinte, wollte seine Mama, aber da konnte man nichts machen, so musste es sein und nichts konnte daran geändert werden. Es waren für uns sehr schwere Zeiten. Und so blieb es bis zu seinem dritten Lebensjahr. Dann kam er in den Kindergarten, wo ich arbeitete, in das Krankenhaus, und alles wurde anders.

Ich ging zur Arbeit, ließ ihn im Kindergarten und später gingen wir zusammen nach Hause. Die Wohnung war nicht weit vom Krankenhaus entfernt.Alles war sehr nah. Er ging nicht gerne in den Kindergarten. Er wollte immer mit mir zusammen sein, aber er musste dort bleiben. Die Erzieherinnen mochten ihn, er war immer fröhlich, weinte nur wenn ich ihn da ließ, aber beruhigte sich schnell danach. Er war ein Kind mit überdurchschnittlicher Intelligenz, war bei allen beliebt. Alle mochten ihn und kuschelten mit ihm. Er sprach Deutsch, spielte das Piano im Kindergarten und stellte täglich tausende von Fragen. Er wollte alles wissen. Eine seiner Fragen hat mich so fasziniert, dass ich sie nie vergessen werde.

Als wir eines Tages nach dem Kindergarten spazierten, beobachtete er eine schwanger Frau und fragte neugierig

"Mama, hatte ich Schuhe als ich in deinem Bauch war?" Was bloß alles in dem Köpfchen vorging!

Und so änderte sich alles zum Besseren.Während der

Schwangerschaft mit Stefan, zweifelte ich überhaupt nicht daran, dass alles in Ordnung sein würde. Ich war mir sicher, dass ich ein gesundes Baby auf die Welt bringen und alles gut sein würde.

Und so arbeiteten wir und verdienten gemeinsam das Geld. Jeder Tag begann wie der davor und der danach. Das Haus, die Arbeit, das Kind und die Sehnsucht.

Obwohl, ich weiß nicht wonach. Ich wollte schon immer so weit weg wie möglich gehen. Jetzt bin ich gegangen und wieder unzufrieden. Ich fühlte mich wie eine alte, verfallene Frau. Die einzige Freude für mich ist Stefan.

Liebe! Es ist Liebe.Die,die mir fehlte. Viele werden sagen, dass ich nicht normal bin, vielleicht wird man sich fragen, was ich vom Leben mehr will...Ich habe einen Mann, ein wunderschönes Kind und ein relativ schönes Leben...Von der Seite betrachtet, würde jeder sagen und viele dachten es auch, dass wir die glücklichste Familie auf der ganzen Welt wären. Aber wir waren es nicht. Alles war leer, hohl und das spürte ich mit ganzer Seele. Ich hatte oft das Gefühl, dass ich mich in meiner eigenen Haut nicht wohlfühlte. Für ihn war alles in Ordnung. Es war ihm wichtig, dass er was zu Essen und zu Trinken hatte, dass alle gesund waren und das wars. Nichts mehr. Und ich war traurig. Und dann ist aus der Traurigkeit Trauer geworden. Von Tag zu Tag wurde es immer schlimmer.

„Dir sollte man eine Tracht Prügel geben! Du weißt nicht was du willst!-sagte mir meine Mutter als ich mich ihr anvertraut hatte.

Warum hab' ich's ihr auch nur gesagt? Jetzt ist es zu spät. Was gesagt ist, ist gesagt-dachte ich und bereute meine Leichtsinnigkeit. Ich hatte vergessen, dass ich von meiner Mutter weder Wörter Lobes noch Unterstützung hören würde. So was gibt es bei ihr nicht. Und dann dachte ich wieder-vielleicht hat meine Mutter recht...Was könnte ich vom Leben mehr wollen? Jedoch möchte ich und will mehr! Gefühle kann man nicht vorschreiben. Und dann kam wieder das Schuldgefühl, das ich so hasste und mir keine Ruhe gab. Vielleicht bin ich selbst schuld daran, dass es zwischen mir und meinem Ehemann die Chemie nicht stimmte.

„Mein Sloba und ich lieben uns jeden Tag"-prahlte Rojka, eine unserer Bekannten mit der wir uns regelmäßig trafen. Und man sah es ihnen auch an, dass sie sich liebten, sie waren sich irgendwie immer nah. Man sah in ihren Blicken, dass sie ein Ganzes waren, zwei Personen verschmolzen in Einem. Vollständig. Und wir beide waren es nicht. Wir machten alles nach einer stetigen Gewohnheit-Sex, als hätten wir etwas getan, was auf der Tagesliste war. Ohne Bedarf und Liebe, nur noch eine Pflicht.

Und immer wieder denke ich mir, dass mit uns etwas nicht stimmt und stelle mir etwas anderes vor, ein richtiges Gefühl jemanden zu lieben und geliebt zu werden.

Dann wieder das Gefühl des Schuldgefühles. Ich muss wohl unzufrieden geboren worden sein, wie meine Mutter. Vielleicht erbt man sowas.

Und so kommt mir da langsam die Idee, "das Etwas"was ich in der Ehe nicht hatte auch aufzusuchen.

Das zu finden was mir in der Ehe fehlte. Aber wie? Wo? Mit wem? Bis jetzt hat sich keiner an mich herangemacht, außer dem deutschen Chef, der genau nach meinem Geschmack war. Schön wie ein Star. Dunkel mit blauen Augen. Wieder blaue Augen. Ich werde wohl nie einem Menschen begegnen, mit dem ich alles fühlen kann, wonach ich mich so sehne. Aber meinen Chef mochte ich doch nicht. Es ist zu riskant. Wir arbeiten zusammen und alle würden es sofort merken. Und ich weiß selber nicht wie ich mit so einer Situation zurechfinden würde. Ich werde warten und sehen, wenn es dazukommt.

Langsam kam ich zur Entscheidung, dass ich in meinem Leben entgültig etwas ändern müsste, um mich von dieser Verdrossenheit zu befreien. Nur, ich war mir noch nicht im Klaren, was ich genau wollte und ob ich genug Kraft hatte um alles zu ändern. Einen Punkt meinem jetzigen Lebens zu setzen und ein Neues zu suchen. Wie? Ich hatte mir fest vorgenommen, dass ich ein schöneres und glücklicheres Leben als das was ich hatte, haben wollte. Und dazu würde es früher oder später auch kommen. Irgendwie wusste und fühlte ich es. In meinen Phantasien sah ich immer einen großen Mann, der mich auf seinen Händen trug und mir alles erfüllte. Wir liebten uns, genossen alles gemeinsam, hatten mehr Kinder und waren reich.

Aber von dem Traum wird wohl nichts. Irgendwie kamen mit dem Haushaltsgeld bis zum Ende des Monats über die Runden. Wir schafften sogar etwas zu sparen.

Etwas Geld hatten wir gespart und kauften ein Grundstück in Nis für einen Hausbau. Nach dem Grundstückkauf beruhigte ich mich etwas und sagte mir, dass vielleicht bessere

Zeiten für uns beide kommen würden. Wir hatten einen wundervollen Sohn, der meine Leere einigermaßen füllte. Er war der hellste Stern meines Lebens. Ja, und ein Grundstück hatten wir jetzt auch. Wir würden ein eigenes Haus besitzen und es gab Hoffnung auf ein besseres gemeinsames Leben. Vielleicht würden wir uns näher kommen oder sogar uns ineinander verlieben.

Diese Hoffnung gab mir etwas Lebensfreude.

Ich freute mich auf das neue Haus, das wir haben werden. Ich fühlte mich wohl in meinem Körper und träumte glücklich über das eigene Zimmer, das unser Sohn nur für sich allein haben wird, wie auch einen Garten.

So vergingen noch drei Jahre. Stefan war gewachsen und ich wieder schwanger. Es fingen komische Dinge an zu passieren , die später auch oft passieren würden, nicht die gleichen, aber ähnlichen...Am Anfang fand ich es nicht so wichtig, aber später wurde ich mit den Jahren klüger und fing an zu merken, dass es sich um eine unbekannte Kraft handelte. Damals verstand ich es nicht, sie zeigte mir irgendwelche,unbekannte Wege und gab mir Zeichen die ich erkennen sollte, aber ich verstand sie nicht...Heute verstehe ich es. Und ob ich es verstehe. Ich suche nach den Zeichen, nach den Nachrichten.

Ich war wegen der Schwangerschaft überglücklich! Ich wollte endlich mein Mädel, dass Stefan ein wunderschönes Schwesterchen bekommt. Neben der Freude in der Seele, hatte ich auch ein Furchtgefühl und ich wusste nicht woher es kam und warum. Ich fühlte, dass irgendetwas nicht stimmte.

„Ach Frau, lass die blöden Gedanken!Warum sollte was nicht in Ordnung sein?

Stefan ist ein normales und gesundes Kind und du gehst auch zu den Kontrolluntersuchungen. Alles ist wie es sein sollte"-sagte mir Zarko üblich, wenn ich darüber klagte. Ich konnte nichts für das Baby kaufen, irgendwie war mir nicht danach, als ob ich wusste ich würde es nicht brauchen.

Die Nacht vor deren Geburt, träumte ich von meinem verstorbenen Opa, wie er nach mir rief zurück zukommen, nicht weiter durch die endlose Blumenwiese gehen. Und ich wollte einfach unbedingt weiter! Ich ging in die Knie und er rief es wäre noch zu früh! Ich ging weiter, trabte, die Blumen waren mir bis zu den Knien.

Ich wachte von seinem Schrei auf, zitterte vor Angst und dem Gefühl, dass etwas Schlechtes geschehen würde. Ich wusste nicht was. „Gott helfe mir, dass mit meinem Baby alles gut sein wird" Ich betete zu Gott und zitterte vor irgendeiner unbekannter Angst.

Der Morgen kam, sowie die Schmerzen und die dringende Abfahrt ins Krankenhaus. Meine Irena wird geboren mit großen, blauen Augen. Sie schaute mir genau in die Augen, als ob sie wusste, dass sie mich zum ersten und letzten Mal sah.

Im selben Moment sah ich ihre geschwollenen Händchen und Beinchen.

„Frau Mira, wir müssen die kleine sofort ins Fachkrankenhaus zur Untersuchung schicken. Etwas stimmt nicht. Das Herz ist nicht in Ordnung..." Und sie entrissen sie mir aus den Händen.

Seit dem Moment bis heute, spüre ich den gleichen Schmerz. Damals dachte ich, ich würde sterben. Vielleicht sollte ich überhaupt nicht darüber schreiben, die Vergangenheit sollte man in Ruhe lassen und Vorwärts schauen. Jedoch, manchmal kommen so Momente, wenn mich etwas zerreißt, von innen zerfetzt...

Und das Nachdenken darüber, was mein Opa mir im Traum sagen wollte...Wollte er mich warnen, dass ich auch sterben würde, wenn ich weiter in die Wiese gehen würde? Mir ging es nach der Geburt auch sehr schlecht. Man wollte mich nicht zur Beerdigung meines Kindes gehen lassen...

„Wenn Sie sie ihre Frau zur Beerdigung gehen lässt, dann bereiten Sie noch einen Sarg vor!"-sagte der Arzt zum Zarko streng und energisch. Ich hatte mich von meinem Kind nicht einmal verabschiedet. Wenigstens noch eine feste Umarmung.

Wäre es nur möglich gewesen, hätte ich ihr Kraft gegeben, damit sie meine Kraft aus meinem Körper aussaugen kann und wieder gesund werden kann.So könnte sie wieder so schnell wie möglich in meine Arme fallen, in unsere Leben zurückkehren.

Sie brachten sie weit weg von mir und ich sah sie nie wieder. Mein kleines Mädchen, die ich nur fünf Minuten hatte. Sie starb nach sechs Tagen. Ein großer Teil von mir starb mit ihr zusammen.

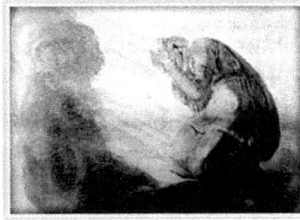

Sie brachten sie ins Grab und beerdigten sie in einem kleinen, weißen Sarg, mein Ängelchen. Mit ihr nahmen sie ein Teil meiner Seele, ein Teil von mir. Man sagte mir, dass sie an einer Herzstörung starb und einer ihnen unbekannter Krankheit, über die sie mir nichts sagen konnten, ob sie erblich war und von wem die kam.

Es existierte nichts mehr, nur der Schmerz und das Gefühl, dass ich als Mutter, Ehefrau, Frau versagt habe. Ich habe mein Kind verloren. Mein eigenes Kind. Die ganze Welt war Schuld und ich wollte weder jemanden hören, noch sehen. Ich wollte nur meine Augen schließen und sterben, verschwinden. Verdammtes Deutschland, Zarko, Kolleginnen die immer für mich da waren, Ordensschwestern aus dem gleichen Krankenhaus wo ich arbeitete!In diesem Moment konnte ich niemanden sehen und hören.Ich gab allen die Schuld für den Tod meines Kindes.

Stefan, mein lieber Sohn, hing seine Ärmchen um meinen

Hals, kuschelte mit mir und bat mich nicht zu weinen "Mama, du wirst eine andere Irena kriegen, weine nicht". Er war klein und wusste nicht, dass sowas nicht geht... Obwohl ich an Schmerzen leidete, konnte ich einigermaßen klar denken und sagte mir, dass es ihm gegenüber nicht recht ist, ich muss ihm die ganze Liebe schenken, er ist klein um so eine Trauer mit seiner Mutter teilen zu können. Ich kann und darf ihm nicht das wegnehmen, was ihm gehört. Meine Liebe. Und ich musste weitermachen. Ob's mir gefiel oder nicht. Ich hatte meinen Sohn Stefan. Die Monate waren zu schwer.

Ich hatte keine Lebenslust. Nur er gab mir etwas Kraft um zu überleben.

Und so fing ich langsam an wieder ins Leben zurückzukehren. Mit einem großen Leergefühl und Schmerz in der Seele und dem Beschluss in meine Heimat zurückzureisen. Dorthin, wo mich nichts an Deutschland erinnern würde. Da habe ich das kleine Grab mit meinem Kind gelassen. Deutschland ist schuld, dass ich nicht mehr mein kleines Mädel habe. Ich hasste das Land von ganzem Herzen und alles was sich dort befand. Ich dachte, es war der einzige und größte Feind meines Glücks und meiner Ruhe, nach der ich mich so sehnte. Ich wollte mich vom Schmerz, der mich so zerriss befreien.

Wir reisten nach Nis zurück. Auch weiterhin trug ich die Trauer und den Schmerz in mir. Ich hatte mich getäuscht. Die Ferne kann den Schmerz nicht auflösen. Nie.

Mir ging es noch schlechter. Ich konnte nicht das Grab meines Mädchens besuchen um die Nähe zu spüren. Alles ging schief. Zarko und ich entfernten uns noch mehr voneinander. Die Rückkehr war der Anfang vom Ende zwischen uns beiden, ohne es bewusst gemacht zu haben.

Irenas Tod brachte zur noch stärkeren Unverträglichkeit und baute von beiden Seiten eine noch höhere Mauer von Gleichgültigkeit. Es war mir egal wo er hinging und was er machte. Ihm ging es genau so.

Wir lebten zusammen nur um den Verlauf nicht durcheinander zu bringen. Wir erzogen unser Kind und waren aus reiner Gewohnheit zusammen. Stefan wuchs wie aus dem Wasser, ganz glücklich und zufrieden spielte er mit den anderen Kindern auf der Weide vor dem Haus. Für mich war er die einzige Freude, nur er und keiner mehr.

Wir bauten ein Haus und damit war ich beschäftigt. Unser Leben war uns nicht wichtig. Ich lief von meinem Schmerz und meinen Bedürfnissen weg. Jetzt werde ich mein eigenes Haus haben. Meinem Wunsch entsprechend plante ich wo, was und wie ich es einrichten werde. Es ist fertig, groß mit zwei Wohnungen. Wir richteten es mit etwas alten Möbeln ein, die wir schon hatten. Aber es gefiel mir.

Mein Haus. Unser Haus. Für das Haus hatten wir beide viel geopfert und gearbeitet. Langsam kauften wir, was wir noch brauchten.

Und dann erfuhr ich auf einmal, dass ich ganz ohne es geplant zu haben schwanger war. Ich fürchtete mich zum Tode. Was wenn sich alles wie mit Irena wiederholt?

Stefan war ganz glücklich, dass er einen kleinen Bruder bekam. Man konnte seine kleine Stimme auf der Weide hören...Der Wunsch, dieses Baby zu bekommen wurde immer größer. Am meisten wegen ihm, dass er nicht alleine aufwächst, dass er einen Bruder hat.

Probleme und die Gefahr wegen einer Fehlgeburt fingen an. Der Arzt im Krankenhaus empfahl mir, dass Kind abtreiben zu lassen. Ich lehnte diese Möglichkeit vollkommen ab. Ich wusste es ist alles in Ordnung . Irgendwie wusste ich es ‚warum ich es wusste, weiß ich selber nicht. Während der Schwangerschaft mit Irena hatte ich keine Probleme, aber eine innere Stimme sagte mir, dass etwas nicht in Ordnung sein würde. Und ich war mir sicher, dass diese Schwangerschaft ein Erfolg sein würde, obwohl ich regelmäßig wegen der Schwangerschaft,zur Therapie ging. Es ist mir auch heute noch nicht klar, woher in so einer Situation solche Sicherheit kam.

„Sie müssen abtreiben lassen! Sind Sie nicht normal? Sie gehen das Risiko ein, ein krankes Kind auf die Welt zu bringen, sie sollten zufrieden sein ein gesundes zu haben! Spielen Sie nicht mit Ihrem Leben!" schrie Dr. Grujic-„Sie sollen in einer halben Stunde im OP Saal sein!"-und verließ das Zimmer wie eine Furie. Ich weinte, ließ es nicht zu, ich werde mein Baby zur Welt bringen, soll kommen was auch immer! In dem Moment betrat Dr. Isakovic das Zimmer. Ich fühlte sofort ‚dass er ein wundervoller Mensch war. Sein Blick war zart, warm und gab einem das Gefühl von Selbstbewusstsein und Sicherheit.

„Wenn Sie das Kind auch neben aller Gefahren und Schwierigkeiten behalten möchten, dann werden Sie es auch.

Sie müssen sich es aber vom ganzen Herzen und mit all Ihrer Kraft wünschen und denken Sie immer , dass alles in Ordnung ist".

Seine Worte beruhigten mich und ich sah Gott in ihm, der mir half. „Wenn es soweit ist, werde ich Sie entbinden und Sie werden sehen,dass alles gut sein wird!"

Man muss positiv denken und im Leben wird rauskommen, dass diese Einstellung, der richtige Weg in allen schwierigen Lebenssituationen ist. Und alles war auch in Ordnung. Mein Darko wurde geboren. Wie Dr. Isakovic auch versprach, half er mir meinen zweiten Sohn zu gebären. Ein großer Junge wurde geboren, gelb wie ein Chinese, wegen all der Medikamente die ich bei Schwangerschaft einnehmen musste und mit großen, blauen Augen wie Irena sie gehabt hatte.

Mein Gott! Was für ein Schmerz und eine Freude gleichzeitig! Als ob Irena durch Darko wiedergeboren wurde. Genau die gleichen Augen. Ich kehrte in die Vergangenheit zurück, als ob ich sie in den Armen hielt. Jetzt wird alles gut. Ich habe meine zwei Jungen, die mir die Lebenskraft und Glück geben. Wegen Darkos Ähnlichkeit mit Irena und dem Gefühl, dass ich sie durch ihn mit einem Teil wieder hatte, war ich ihm gegenüber immer sanfter, nachgebender, schwächer, als Stefan gegenüber.

Stefan musste immer alles wissen und können, irgendwie war das selbstverständlich. Ein guter Junge, mit all den kindlichen Unfugen, ein sehr guter Schüler, der beste Student, entschlossen, der beste Mann den alle mögen. Erwusste immer was er wollte und er bekam es auch immer, noch als er ganz klein war. Irgendwie war es immer selbstverständlich, dass er alles konnte.

„Mach dir keine Sorgen Mama"-sagte er üblich -„alles ist unter Kontrolle" und lachte mit seinen fröhlichen Augen. Er war Sportler, stark, groß, er hatte Muskeln wie Eisen. Hübsch mit dunklem Haar und dunklem Augen. Er hatte immer viele Freunde, die ihn immer anriefen. Er hatte nie Ruhe.

Darko war sanft, gut und drollig. Viel anders als Stefan. Irgendwie schaffte er nicht alles. Groß gewachsen, dünn, mit blauen Augen und hellem Haar, das in der Zwischenzeit dunkler geworden ist. Als sie klein waren, nahm Stefan Darko überall mit sich mit und verteidigte ihn vor anderen. Er war eine sein Verteidiger.

So wuchsen meine zwei Jungen, das Leben geht weiter, auf den ersten Blick ist alles schön und gut, aber ich fiel wieder in den Abgrund von Unzufriedenheit und Sehnsucht nach etwas und weiß nicht wonach. Dass ich in einer Fabrik arbeitete, wo ich acht Stunden sitze und Hosen nähe genügte mir nicht. Alles fiel mir schwer, ich wollte etwas Besseres, wo ich mehr verdiene und meiner Familie helfen Leben zu können.

Mit meinem Mann war alles wie beim Alten. Wir sind wie Geschwister. Wir schliefen immer seltener miteinander und zum Schluss fast gar nicht mehr.

Manchmal gaben wir uns nur so ein Küsschen auf die Wange und das ist alles.

Wenn ich ihn fragte was los wäre, warum es so wäre, bekam ich die Antwort er hätte keine Lust . „Wenn du es brauchst, und du brauchst es, du bist eine junge und hübsche Frau, finde jemanden. Aber wenn ich dich frage ob du einen Liebhaber hast, sage es mir niemals , sag' mir du hättest keinen. Es ist nur wichtig, dass du wieder nach Hause zu den Kindern und mir kommst".

Die Worte, die Zarko aussprach wenn wir auf das Thema Sex kamen, haben jeden Teil meiner Gefühle ihm gegenüber zerbrochen, als auch die Ehre für ihn als Menschen. Ich konnte ihn nicht mehr verehren. Irgendwelche starken Gefühle empfand ich auch nie für ihn, aber ich schätzte ihn als Freund und Mann. Mit diesen Worten hatte er auch das vernichtet. Er machte mich krank. Was für ein Blödmann kann seiner Frau so ruhig sagen, sie könnte fremdgehen so oft sie wollte, nur, dass sie immer zu ihm und den Kindern nach Hause käme? Das war für mich eine Demütigung,ich glaube für jede Frau. Es war ihm gleich. Es ist nur wichtig, dass er was sauberes zum Anziehen und etwas zum Essen und eine Mutter für seine Kinder hatte. Und so fing mein zweites Liebesleben an.

Es kam eine Beziehung . Darauf war ich nicht stolz, sondern schämte mich immer nach den heimlichen Umarmungen und entschuldigte mir die Tat mit der Tatsache, dass mein Mann mich selbst dazu gebracht hatte. Eine junge Frau kann nicht jahrelang ohne Liebe leben. Es ist von Natur aus unmöglich. Und ich hasste Zarko deswegen noch mehr. Warum schob er mich bewusst in den Abgrund? Für ihn war ich immer, wie er es sagte, die schönste und beste Frau, aber er konnte nicht mit mir schlafen und konnte mich nicht lieben... Warum es so war, wusste er selber nicht. Ich denke er liebte mich auf seine Art, als Schwester, Familienmitglied, aber nicht als Frau.

In der Zwischenzeit entdeckte ich warum er mit mir nichts zu tun haben wollte. Er hatte eine andere Frau und von ihr bekam er eine Geschlechtskranheit wegen der wir alle in der Familie litten. Gott sei Dank, dass wir keine körperlichen Verhältnisse hatten, sonst hätte ich mich auch infiziert.

Es war für mich ein großer Schock. Ich wollte ihn sofort verlassen und mit den Kindern weg gehen. Ich wusste nur nicht wohin. Wie sollte ich meine Kinder ohne Geld erziehen? Von den Eltern hatte ich keine Unterstützung.

Du bist Schuld! Wärst du eine gute Frau gewesen, wäre er nie zu einer anderen gegangen!"-schmerzten die Worte meiner Mutter. Schon wieder bin ich schuld.

Wie lange noch? Ich bin die einzige Schuldige für das was passiert. Ich verstehe nicht warum es so ist. Muss ich vollkommen sündlos sein um meiner eigenen Mutter gut genug zu sein? Und ich wünschte mir so sehr, dass sie wenigstens einmal auf meiner Seite stehen würde und mich liebte so wie ich bin. Davon wurde nichts. Die ganzen Jahre nur Verurteilungen.

Anstatt mich zu Unterstützen, verurteilte mich meine eigene Mutter. „Er ist ein guter Mensch, du bist an allem Schuld. Sei ruhig und komm damit zu recht!" Und ich will, kann und möchte nicht!

Er wurde wieder gesund und wir lebten weiter zusammen. Wir schliefen im selben Zimmer auf zwei verschiedenen Seiten.

Ab und zu kam er zu mir und das war sehr schwer .Zwischen uns war eine sehr starke gegenseitige Unausstehlichkeit .Den Tag über verging die Zeit schnell und man fühlte das nicht. Wenn es Abend wurde, war es zu schwer. Die Angst und die Unerträglichkeit mit einer Person, die dir mit jedem Teil ihres Körpers abweisend und ablehnend ist ins Bett zu gehen, macht verrückt. Ich wollte so weit wie möglich abhauen, aber ich wusste nicht wohin. Jeder machte seine Arbeit und wir sorgten um die Kinder, die jetzt schon Erwachsene waren. Auf ersten Blick scheint alles in Ordnung zu sein.

Ich fing wieder an an Irena zu denken und als ob mich irgendeine Kraft nach Deutschland auf ihr Grab zog,fuhr ich nach Deutschland. Es waren schon zehn Jahre seit der Beerdigung vergangen, in kürze würde man ihr Grab umbetten. So wurde es dort gemacht. Ich musste dorthin, um noch einmal ihr kleines Grab zu sehen und mich zu verabschieden.

„Bist du verrückt geworden Frau? Du willst nach Deutschkand reisen,aber es ist nicht fair gegenüber uns!"- brüllte Zarko.

„Ich muss, ich kann sogar nicht mehr schlafen, so groß ist mein Wunsch da hinzureisen".

In den letzten Monaten war ich immer krank. Ich bekam jeden Tag Spritzen, aber es ging mir von denen nicht besser. Ich hatte auch weiterhin starke Schmerzen.

„Miralein, du bist schwanger!"-versucht Zlajo, ein Kollege von der Arbeit, mich zu überzeugen. Er wiederholt die gleiche Geschichte jeden Tag.

„Mensch Zlajo, du bist aber verrückt. Wie kommst du denn da drauf?"

„Na ja, ich bin mir schon sicher, dass ich recht habe. Guck mal wie rundig du geworden bist. Es wäre besser, du gehst zu einem anderen Arzt".

So bin ich auch zu einem anderen Arzt gegangen. Und wieder die selbe Diagnose-Eierstockentzündung.

„Also, du hast entschlossen zu gehen. Es nützt nichts, dir etwas zu erzählen,oder?"-fing Zarko wieder an.

„Und wo willst du bleiben, wenn mein Bruder Urlaub hat?" er drehte sich um das Schachspiel fortzusetzen, ohne jedes weitere Interesse für ein Gespräch.

„Ich werde bei Doco und Milka sein".

Und so bin ich in den Bus nach Bielefeld gestiegen. Ich hatte das Gefühl ich würde dahin gehen, wo ich hingehen sollte, als ob ich da irgendetwas finden würde. Während der Busfahrt, beugte ich mich ganze Zeit vor Bauchschmerzen. Oh Gott, es stimmte wirklich etwas nicht und ich unternahm so eine weite Reise. Vielleicht hatte Zarko recht. Diese Gedanken gaben mir keine Ruhe, bis ich zu Gott betete so schnell wie möglich anzukommen. Die Fahrt kam mir sehr lang vor. Man braucht dreißig Stunden Fahrt bis dort hin...

Ich kam bei Milka und Doca unter.

Sie waren überglücklich mich zu sehen weil wir uns 10 Jahre lang nicht gesehen haben."Es freut uns richtig, dass du hier bist!„ Sie küssten und umarmten mich beide.

Am nächsten Morgen war ich alleine. Sie waren zur Arbeit gegangen und ich war auf meinem Weg zum Krankenhaus. Ich hatte es kaum geschafft vor lauter Schmerzen .

Als ich ins Krankenhaus rein ging, kamen mir schmerzhafte Gedanken über Irena, die ich im selben Krankenhaus bekam und verlor. Ich konnte kaum meine Tränen halten. Ich habe das Gefühl, die Vergangenheit käme zurück, dass sich alles wiederholen würde.

Nach fünf Minuten Untersuchung, wurde eine Eileiterschwangerschaft festgestellt und der Eierstock würde platzen, wenn ich nicht sofort operiert werden würde. Ich bekam große Angst. Sollte ich hierhin kommen und sterben, wie mein Kind?

Werde ich nie wieder Stefan und Zarko sehen? Oh mein Gott, hilf mir,dass ich das überlebe, um meine Kinder wieder zu sehen, ich verspreche, ich werde die beste Frau und werde nie wieder über mein Leben klagen!

„Sagen Sie uns wen wir benachrichtigen sollen, geben Sie uns eine Telefonnummer"-zog mich die Krankenschwester aus meinen Gedanken. Ich hatte wegen dem großen Schock alles vergessen. Was für eine Telefonnummer? Ich kann mich an keine erinnern. Ich war ganz leer. Wie ein Telefonbuch ohne Nummern. Man hatte nicht länger gewartet, sehr schnell befand ich mich auf dem Operationtisch.

Das Schwingen einer Lampe vor meinen Augen hat mich geweckt, so dachte ich es. Aber, das waren leichte Ohrfeigen der Ordensschwester.

„Mira, wachen Sie auf. Alles ist gut verlaufen, jetzt sind Sie sicher". Das bedeutet, sie hatten mich vom schlimmsten gerettet. Gott sei Dank! Ich werde meine Kinder wiedersehen!

Mache meine Augen auf und sehe-ein Kreuz an der Wand und Zimmernummer 4!

Der gleiche Tag, der 05.07.1989.

Am gleichen Tag vor zehn Jahren hatte ich hier Irena geboren und verloren! Es kann nicht wahr sein! Genau das gleiche. Ich wusste nicht was geschah...kehrte ich zehn Jahre zurück oder war es die Gegenwart?

Ist es einfach nur Zufall oder musste mich irgendeine Kraft hierher bringen, um das schlimmste zu vermeiden? Brachte mich Irena hier? Verschiedene Fragen überschwemmten mich, aber es gab keine Antwort. Nur eine große Trauer, dass sich alles noch einmal wiederholte, aber dieses Mal auf einene andere Art. Am gleichen Tag noch eine Baby verloren...

Auch Heute frage ich mich noch, was für eine Kraft es bestimmt hatte, dass sich alles am gleichen Tag und den selben Ort, nur zehn Jahre später wiederholte? Ist es alles Zufall oder irgendein Spiel der höheren Gewalt? Ich weiß nicht. Es kam mir so vor, als ob alles im Leben irgendwie vorhergesehen wäre . Langsam fing ich an den Ereignissen zu folgen, irgendwie zog mich meine Intuition in die richtige Richtung.

Als alles vorbei war reiste ich zurück nach Hause, traurig wegen allem Geschehenen und glücklich, dass ich meine Kinder wieder umarmen konnte.

Stefan beendete die Grundschule und als sehr guter Schüler konnte er sich aussuchen in welche Schule er seine Ausbildung fortsetzen würde. Er suchte sich die Militärschule aus. Nach langen Geschichten seines Vaters, was für eine Schule mit bester Perspektive wäre, entschied er sich auch dafür. Militärschule und keine andere.

"Na klar! Das ist mein Sohn, der Beste! Offiziere leben am Besten, die Armee zahlt immer einen guten Gehalt und 'ne Wohnung wirst du auch bekommen!"

Natürlich bestätigte Stefan alles was sein Vaters sagte. Er war jung und verstand nicht was es hieß mit knappen fünfzehn von den Eltern getrennt zu leben. Er bewarb sich und wurde als bester Schüler angenommen.

Wir fuhren ihn nach Zagreb. Ich konnte meinen Blick nicht von ihm lassen, hattee das Gefühl ich würde ihn für immer verlieren. Er war zu jung um von den Eltern und seinem Haus weggenommen zu werden. Ich hatte einen Kloß im

Hals und würde vor Trauerfast sterben, aber ich musste mich zusammenreißen. Ich hatte Angst er würde mir die Trauer in den Augen sehen. Er ist empfindlich und wird es merken. Meinte dass ich glücklich wäre. Ich kamm schon irgendwie mit all meinen Gefühlen zurecht. Wir ließen ihn dort mit weiteren hundert Schülern.

"Danke schöne liebe Eltern, für eure, jetzt unsere Söhne, die zukünftigen Offiziere!"-brüllte ein Offizier und mir wurde die Seele zerrissen, ich fing hysterisch an zu weinen, konnte mich nicht beruhigen. Stefan sah mich an, man sah ihm die Traurigkeit an, die er nicht zeigen möchte. Er konnte sie aber nicht vor mir verbergen. Und es ging mir noch schlechter, schlimmer.

"Weine nicht Mama, es wird mir hier gut gehen"-und guckt mich mit seinen traurigen Augen an.

Mir war sofort bewusst, dass es ihm schwer fällt, aber es nicht zeigen wollte. Ich spürte, dass er es bereute diese Schule ausgesucht zu haben. Ich küsste und umarmte ihn zum Abschied. Er drückte mich und ließ auf einmal los, als ob er Angst davor hatte, dass er nachgeben und seine richtigen Gefühle zeigen würde.

"Gehe' Mama, gehe'! -und er drehte sich schnell um und

ging mit den anderen Kadetten. Es fiel ihm schwer, aber er kämpfte mit seinen Gefühlen. Nach Irenas Tod, war das der schlimmste Tag meines Lebens. Als ob man mir das Herz entnommen hätte. An Zarko konnte man nichts merken, als ob es ihm überhaupt nicht Leid getan hätte.

"Mama, ich bin's. Ich will nach Hause! Hol mich sofort ab! Wenn du nicht kommst, dann haue ich ab!"-ich fiel fast in Ohnmacht, als ich Stefans Stimme nur eine Stunde nach dem wir angekommen waren am Telefon hörte. Zarko wachte wegen dem Klingeln des Telefons auf und schnappte sich das Telefon.

"Wie nach Hause? Was laberst du da? Du bleibst da wo du bist, du Depp!"-und legte den Hörer auf.

Und du sollst mit dem Heulen aufhören! Und geh' nicht mehr ans Telefon, wenn er anruft, er muss sich dran

gewöhnen!" Danach ging er auf die Couch, hob seine Beine auf den Tisch und schnarchte wieder weiter. Wenn ich irgendjemanden je im Leben gehasst hatte, dann war er es-der Vater meiner Kinder. Es konnte nicht sein, dass ich so eine gefühllose Gestalt als Mann hatte. Ihm machte Stefans Hilfsschrei nichts aus. Ist es möglich, dass ich mein ganzes Leben niemanden habe, der in schweren Situationen zu mir steht? In meiner Jugend war es so, als hätte ich nie einen Vater gehabt. Jetzt habe ich einen Mann, dem es egal ist was in unseren Leben passiert. Alle Geschehen gingen an ihm vorbei, ohne jegliches Interesse für mich oder die Kinder. Einigermaßen konnte ich verstehen, dass er kein Interesse für mich hatte. Aber Stefan! Er ist doch sein Sohn, genauso wie meiner. Hatte er keine Angst davor, was sein Sohn machte und welche Nachfolgen es sein würden? Nein, nicht das geringste. Ich konnte ihn nicht mehr sehen.

Eine Woche war vergangen, als der Hauptmann anrief. Er wollte mit Stefans Mutter sprechen. In zwei Tagen war Stefans Geburtstag und er sagte ich musste auf jeden Fall kommen, da sich Stefan sehr nach mir sehnte. Er ist ein sehr guter und intelligenter Junge aber seiner Meinung nach wäre dieser Beruf nicht für ihn und er wollte mit mir auch darüber reden.

"Selbstverständlich komme ich!" Es gibt keine Kraft auf der Welt die mich aufhalten könnte. Heute ist Sonntag, morgen ist sein Geburtstag, also muss ich sofort gehen! Aber wie? Eins ist sicher, Zarko wird mich sicher nicht unterstützen.

Was soll ich machen? Ich muss ihn auf jeden Fall fragen, ob er mich fahren könnte, vielleicht dachte er in der Zwischenzeit über die ganze Angelegenheit einmal nach und hatte es sich anders überlegt.

Ich fragte ihn und wusste schon im Voraus die Antwort. "Ich werde dich nicht fahren und du gehst nirgendwo hin":

"Nein, ich gehe auch wenn es zu Fuß sein muss!" Ich hatte das Gefühl ich konnte ihn in diesem Moment umbringen. Zum Schluss fuhr er mich nach Mitrovica zum Zug. Um halb zwei nachts, ließ er mich am Bahnhof. Alleine, es gab niemanden und er kehrte nach Hause ins warme Bett zurück, um zu schlafen.

Solche Lebenslagen hinterlassen tiefe Spuren, die nie wieder heilen. Dieses Gefühl bleibt für immer in einem.

Er hatte nicht das geringste schlechte Gewissen, dass seine Frau nachts mit dem Zug alleine so weit reiste. In mir zerbrach alles. Die Traurigkeit wegen Stefan vermischt mit einem noch stärkeren Gefühl der Einsamkeit. Es gab keinen Menschen mit dem ich in dieser schweren Situation rechnen und meine Trauer teilen konnte. In der Firma hatte ich nicht nach einem Sonderurlaub gefragt, ich wusste es würde Schwierigkeiten geben, denn der Direktor war ein schlechter Mensch. Er konnte mich auch feuern und was sollte ich dann tun? Diese Arbeit hatte ich auch schwer aufgefunden. Es kam eine Frage nach der anderen. Aber ich sehne mich nach meinem Sohn und sein Bedarf nach mir, war stärker als alles andere. Ich gehe, soll sein was will, er ist wichtiger als alles andere.

Und dann sagte ich zu mir selbst-diesen Idioten werde ich sicher einmal verlassen.

Ich will mit ihm nicht mein ganzes Leben verbringen. Nein. So ist es auch, als würde ich überhaupt keins haben.

Im Zug gab es keinen freien Platz. Er war voll von Albanern von Kosovo, die nach Slowenien fuhren um zu arbeiten. Derzeit war es so, als wärst du nach Deutschland wegen Arbeit gegangen. Alle wollten nach Slowenien, vor allem die Albaner. Man sah keine Frau, außer mir. Nur ich und die Albaner. Sie beobachteten mich, als hätten sie nie eine Frau gesehen. Diese Leute verletzten mich. Seit meiner Kindheit höre ich Geschichten, dass Albaner schlechte Menschen sind, wenn eine Frau alleine nach Kosovo gehen würde sie nie mehr zurückkommen. Ich wusste nicht ob es auch stimmte, aber Angst hatte ich. Viele Jahre später lernte ich viele dieser Leute kennen, geachtete, vor den man auf keinen Fall Angst zu haben braucht.

Menschen sind bereit immer vorher jemanden schlecht zu beurteilen. So dachte ich auch, aber in der Zwischenzeit wurde ich reifer und änderte meine Meinung vollkommen über alles.

Ich ging von Zug zu Zug und hoffte einen freien Platz zu

finden, oder jemanden bekannten zu treffen um diese Angst zu verjagen. Die Züge klapperten, wackelten und beim Aus- und Einsteigen von einem zum anderen, hatte ich das Gefühl ich würde zwischen zwei hinein fallen und zerquetschen . Diese Angst mit dem Gefühl arm, alleine und verlassen zu sein, werde ich nie vergessen.

Während des Umstieg aus einem zum anderen Zug, hörte ich plötzlich eine Stimme und konnte meinen eigenen Ohren nicht glauben-"Langsam, warum läufst du weg, bleib stehen!"

"Oh mein Gott, wer ist das denn jetzt?"-dachte ich und ging noch schneller in den anderen Zug. Dass ich nur so weit wie möglich komme. Und er folgte mir. Ein kleiner Mann mit einem Bart. Wie in einem Horrorfilm. Ich lief und er verfolgte mich. Wen sollte ich um Hilfe bitten? Ich hatte keinen zu dem ich zugreifen könnte. Alleine im wackeligen, alten Zug, mitten in der Nacht, der quietscht und klappert.

"Ich bin's, Luka. Dein Schulkamerade. Erkennst du mich nicht wieder?"

"Luka, welcher Luka?"

"Derjenige mit dem du Kanonen aus Schlamm gebaut hast".

Ich sah ihn mir besser an und erkannte ihn sofort! Er hatte sich viel verändert, Jahre waren vergangen und er hatte auch einen langen Bart. "Oh Gott, ich danke Dir!"

Ich sah ihn wie eine Rettung, in dem Moment war er mein alles-Freund, Vater und Mann. Er verstand nicht warum ich allein war mit all diesen Albanern. Als ich ihm erzählte, dass mich mein Mann an den Bahnhof gebracht und allein gelassen hatte, war ihm alles klar. "Ich habe auch kein Glück im Leben gehabt. Ich bin geschieden und habe keine Kinder. Du hast sie wenigstens und einen richtigen Mann kannst du

immer finden. Du musst es nur richtig wollen und suchen".
Diese Worte heilten mich, er sagte gerade das, was ich
brauchte. Ich fühlte in dem Moment, dass ich nicht mehr
allein war. Luka war bei mir, mein Freund aus der Kindheit,
den ich zwanzig Jahre lang nicht gesehen hatte. Er gab mir
die Unterstützung und Sicherheit, die ich von Zarko haben
sollte...Jemand hatte ihn in dem Moment zur mir geschickt,
damit ich nicht allein war. Wie kam es sein, dass er gerade
dann und dort erschien?

Ich war nicht mehr allein, hatte keine Angst mehr. Er kam
gerade dann, als ich Hilfe am meisten brauchte. In dieser
Nacht, war er mein Schutzengel...Ich war dem Gott, dem
Engel, sogar auch dem Teufel dankbar. Es war nicht wichtig
wer es war nur, dass er mir geholfen hatte. Freie Plätze gab
es auch weiterhin nicht, sodass wir bis nach Zagreb standen
und in einigen Momenten schlief ich im Stehen, wie ein
Pferd. Als wir ankamen fuhr mit ich einem Taxi bis zur
Kaserne.

Stefan wartete schon beim Pförtnerhaus auf mich, mit dunklen Kreisen unter den Augen, einem ausgedehnten Hals, ganz dünn und arm sah er aus und ich war so geschockt, dass ich sprachlos war. "Was ist denn mit dir los, mein Sohn?"

"Mama, beende das, was immer du beenden musst und lass uns so schnell wie möglich von hier verschwinden. Ich bleib' nicht länger hier, auch verrückt nicht.

Die Leute sind so gefühllos! Als ob ich im Gefängnis wäre, keine Freude, nur Befehle und dessen Ausführung!"

"Natürlich mein Schatz, wir werden gehen. Wir gehen nach Hause, später werde ich sehen wie es weiter gehen soll..."

Dann bekam ich Angst vor Zarko. Er wusste nicht, dass Stefan kommen würde. Er dachte ich würde nur wegen dem Geburtstag nach Zagreb fahren. Er konnte nicht mal im Traum denken, dass unser Sohn zurück kommen würde.

"Stefan mein Schatz, Papa möchte nicht, dass du mitkommst. Für die Schule ist es schon zu spät. Es sind schon zwei Wochen her. Wer wird dich annehmen?"

"Das macht nichts Mama. Ich werde es schon irgendwie schaffen. Lass mich bitte nur nicht hier!"

Das arme Kind, wie schwer muss es wohl für ihn gewesen sein, wenn er so sprach...Und mein Herz schmerzte während ich ihn umarmte, meine Seele füllte sich. Sie füllte sich aus und ich weiß, alles wird gut. Irgendwie werden wir es schon schaffen, nur dass er mit mir nach Hause kommt-dachte ich mir und hob den Kopf. Das gab mir irgendwie immer Kraft. Kopf hoch und alles wird besser.

Der Hauptmann war ein guter Mann. Er füllte die Unterlagen aus, dass Stefan freiwillig die Schule verlassen würde, wünschte uns eine gute Fahrt und ging. Wir setzten uns in den Zug und fuhren ab nach Hause. Und zu Hause, ging die Hölle los.

"Ihr habt sie wohl nicht mehr alle, verdammt noch mal... Ihr seid beide verrückt geworden! Mach' jetzt mit ihm was du willst, lass ihn zu Hause wie eine Oma rumsitzen! Dabei konnte er vom Militär schön eine Wohnung bekommen, einen guten Gehalt und wie ein Kaiser leben". Er klapperte vor lauter Schreien mit den Zähnen.

"Papa, aber wir haben doch ein Haus, wozu brauche' ich eine Wohnung?"

"Sei still, dass ich dir nicht eine verpasse, du Depp!" Und Stefan wurde still. Am nächsten Tag machte ich mich auf die Suche nach einer Schule. Ich klopfte an die Tür jeder Schule, keine wollte ihn, es war schon zu spät und es gab keinen Platz mehr. Alles voll. Und so war es bis zum Tag, als ich nach der Rundtour durch alle Schulen einen Platz im Gymnasium fand.

"Euer Sohn wird überflüssig sein und es ist schon viel zu spät. Aber wie soll man einen so klugen Kadett mit solchen Zensuren nicht annehmen? Und Sie, weinen Sie nicht mehr!"

Es war mir vor lauter Freude und Dankbarkeit das ihn zu küssen. Wie soll ich einen Direktor küssen? Besser nicht. Mein Sohn hat einen Platz im Gymnasium bekommen. Der Vater hat sich nicht einmal bemüht es irgendwo zu versuchen. Es war meine Pflicht, wie er es selbst gesagt hatte. Ich war diejenige die ihn nach Hause brachte. Es war meine Pflicht mich über alles zu kümmern. Noch ein großes Minus für ihn und noch eine größere Abscheu zwischen uns beiden. Die Verhältnisse wurden noch schlimmer, wir stritten uns immer für jede Einzelheit. Es gab kein Geld, keine Liebe, wir waren wie richtige Geschwister, aber während sie noch klein sind und über alles streiten. Wir schliefen im selben Bett, aber nichts weiter geschah.Als er sich hinlegte, so schlief er ein und schnarchte, dass man es auch draußen hören konnte und ich laß Liebesromane und träumte von Liebe, neben meinen eigenen Mann, während ich unsere Mieter im Erdgeschoss hörte wie sie Liebe machten.

Ich wünschte mein Mann wäre tot oder er würde mich

verlassen, er würde sich in Luft auflösen, sodass ich jemanden finden konnte mit dem ich ein normales Leben führen konnte.

Zarko führte Getränke aus für eine Firma, trank und kam oft spät nach Hause, meistens mit einem Schwips... Es interessierte ihn nicht, ob die Kinder oder ich etwas brauchten. Er gab sein Einkommen immer für den Haushalt, aber fragte nicht ob es auch ausreichte. Wenn die Jungen ihn um etwas baten, bekamen sie immer dieselbe Antwort-ihr habt eure Mutter, lasst mich in Ruhe!

Und langsam fingen sie an, mich um alles zu bitten und mit mir über alles zu reden. Über die Noten, die Erlaubnisse wegen der Abwesenheit in der Schule, die ersten Lieben. Sie waren nicht wie andere Kinder, sie hatten immer Verständnis.

Wenn sie sich etwas wünschten und es kein Gelb gab, lästerten sie nicht. Geld hatten wir nicht und es viel mir immer schwer wenn ich die Worte hörte-Mama, wenn wir Geld haben, kauf' mir dies und kauf mir das. Das werde ich nie vergessen. Ich kann mich noch ganz gut an eine Gelegenheit erinnern, als Darko ohne Sportschuhe blieb. Die, die er

76

hatte, waren zerfetzt und für neue hatten wir kein Geld. Ich verkaufte meinen ganzen Schmuck, Gold und Silber das ich hatte und gab ihm das Geld neue zu kaufen. Er weigerte sich und wollte das nicht. Ich sollte meinen Schmuck behalten setzte sich mit den Geld in Bus und jemand klaute ihm alles. Vor Wut zitterte er am ganzen Körper, als er ohne dem Geld und den Schuhen nach Hause kam... Ich musste ihn trösten und beruhigen und erklärte ihm, dass solche Dinge im Leben passieren...Vielleicht musste es so sein. Einen Monat danach schaffte ich es irgendwie, ihm Sportschuhe zu kaufen. Ich freute mich mehr darüber, als er selbst. Er war immer noch wütend wegen dem gestohlenen Geld...All das ärgerte mich und zum tausendsten Mal wünschte ich ein besseres Leben für uns alle, dass ich den Kindern ein normales Leben ermöglichen kann.

Und ich hoffte der Tag würde einmal kommen...

Um irgendwie von der Armut herauszukommen, versuchte ich ständig einen Ausweg zu finden, einen anderen Beruf... Ich werde wieder nach Deutschland oder irgendwo anders hingehen, nur dass ich weg bin. Es wurde mir bewusst, dass ich es sehr bereute, dass wir nach Serbien von hier zurückgekommen waren. Irgendwie gehörte ich nicht dahin, nichts gefiel mir. Ich fühlte, dass mein Platz irgendwo anders war, dass irgendwo in der Ferne mein Glück auf mich wartete.

Wir eröffneten ein Handelsgeschäft in dem wir gemischte Ware verkauften.

Derzeit gründeten viele etwas Selbständiges. Kleine Geschäfte, Unternehmen...Das Land bot sämtliche Erleichterungen und Vergünstigungen für die Gründung .

Am Anfang war es gut. Wir hatten ein schönes Leben. Zarko und ich vergaßen die Unverträglichkeit. Es kam wieder zum

Geschwisterverhältnis, in dem wir miteinander ohne größere Streitigkeiten kommunizieren konnten. Wir hatten Geld und Ruhe kam ins Haus.

Stefan fing mit seiner Fakultät in Belgrad an. Wir schickten ihm regelmäßig Geld fürs Leben. Er war ein fleißiger Student der Maschinenfakultät und legte alle Prüfungen ordnungsmäßig ab. Ich war so stolz! Mamas Sohn, so klug. Darko lebte mit uns und ging in die Schule, aber er würde alles andere lieber tun als lernen.

Zarko fährt auch weiterhin den LKW und kommt immer öfter betrunken nach Hause. Ich bin immer auf der Arbeit, nach Hause kam ich nur um zu kochen, waschen. Ins Bett ging ich gegen ein Uhr nachts und stand um fünf Uhr morgens auf. Ich war fast außer Kraft. Und es kommt wieder die Betrübtheit. Ich dachte, wenn ich ständig arbeiten würde, hätte ich keine Zeit für solche Gefühle, dass ich sie dadurch beseitigen, unterdrücken würde. Es war aber nicht so. Durch meine Arbeit hatte ich viele Kontakte mit vielen Kollegen, Männern, die mich ständig an machten. Mich betrachtete man, als hübsche, gute und fähige Frau. Warum wünschen die sich alle einen Kontakt mit mir und mein Mann nicht? Obwohl ich ihn nicht liebte, wünschte ich mir ein besseres Verhältnis zwischen uns beiden, dass wir vielleicht ein normales Ehepaar werden würden und wir uns anfingen zu lieben. Vielleicht würde eines Tages auch die Liebe kommen...

Aber, davon wurde nichts, irgendwo hatte ich einen Fehler gemacht...Aber wo?

Vielleicht wies ihn mein Wunsch und Eifer vom Leben alles zu bekommen was man kann, bzw. für ein besseres Leben ab. Vielleicht machte ihm das alles Angst und scheute ihn von mir ab.

Männer fallen auf schwache Frauen rein. Ich bin keine von denen. Vielleicht bin ich auch zu stark für eine Frau? Ich hatte nie genug. Ich wünschte mir ein schönes Leben, dass meine Kinder alles hatten was sie brauchten...Ich liebte und sehnte mich nach schönen Sachen. Nach schönen Worten und Aufmerksamkeit, die mir Zarko nicht schenken konnte da er nicht wusste, dass es sowas überhaupt gab. Ich brauchte Liebe.

W as für ein Mensch bin ich wohl, wenn es mir nie reicht? Vielleicht bin ich wirklich, wie Zarko es üblich sagte, immer unzufrieden und kriege nie genug, als ob ich verflucht wäre. Vielleicht hatte er recht. Aber wiederrum denke ich, dass es mein Recht ist vom Leben so viel wie möglich zu bekommen.

Der Gedanke, dass ich einen Mann der nichts anderes brauchte, außer Zigaretten, Schnaps und einem vollen Bauch, machte mich verrückt. Und schon wieder erwacht das Schuldgefühl, das ich noch aus der Kindheit habe. „Du bist an allem selbst schuld!"-hörte ich auch weiterhin die Worte meiner Mutter.

Vielleicht bin ich schlecht und schuldig, dass er sich überhaupt nicht nach mir sehnte. Er tat so, als würde es mich nicht geben, als ob ich unsichtbar wäre.

Ich habe noch ein Geschäft geöffnet und danach noch eins. Jetzt hatte ich drei und noch mehr Arbeit. Es fingen wieder die Streite zwischen uns beiden an. Ich brauchte soviel Arbeit und Erfolg wie möglich, um mir selbst und den anderen zu beweisen, dass ich in diesem Bereich etwas Wert war. Als Frau hatte ich versagt, ich muss mir hier Mühe geben, damit es anders wird.

Darko nahm an den täglichen Streitereien teil, er hatte sich schon dran gewöhnt. Stefan kam am Wochenende, brachte seine Wäsche zum waschen, nahm wieder saubere, gebügelte Wäsche zurück, als auch gekochtes Essen, das ich ihm vorbereitet hatte, sodass er in Belgrad auch etwas zu essen hatte. Alles funktionierte auf diese Art, keinem fehlte etwas, alle hatten saubere und gebügelte Wäsche zum anziehen und rechtzeitig gekochtes Essen. Nur mir fehlte irgendetwas. Ich schaffte alles und bin immer mehr müde. Vor lauter Pflichten und dem Leben.

„Was streitet ihr euch ständig? Ihr seid nicht normal! Lasst euch besser scheiden und lebt danach wie normale Menschen!" sagte Stefan oft, wenn er nach Hause kam. Und ich hatte das Gefühl, dass ich in eine Art Sackgasse geraten wäre aus der es keinen Ausweg gab. In der Zwischenzeit fingen wieder verrückte Sachen an zu geschehen.

Ich träumte immer irgendwelche Träume, immer die gleichen. Sie gaben mir keine Ruhe. Ich würde auf einer Hängebrücke stehen, mich festhalten und zittern, während ich nach unten in eine tiefe Schlucht guckte. Und das geschah zwei bis drei Mal in der Woche, ich hatte richtig einen Alptraum, fürchtete mich ins Bett zu gehen. Ich wachte wegen der Angst immer schweißnass auf. Was das komischste war, wenn ich mitten in der Nacht ins Badezimmer ging und den Traum beenden wollte, setzte sich der Traum später genau da fort, wo er auch aufgehört hatte.

Wenn ich dachte, dass die Polizei mich anhalten würde,

geschah es auch so. Oder wenn ich träumte, dass ich ein Glas zerbrochen hatte, zerbrach ich es auch. Ich hatte Angst vor meinen eigenen Gedanken nd Träumen. Als ich mit meinen Kindern darüber redete, sagten sie ich wäre eine Hexe. Vielleicht bin ich es auch.

Einmal träumte ich, ich würde an einer Tankstelle in einem alten Auto, sitzen, wollte Benzin tanken und der Wagen ging in Flammen auf. Was für ein Alptraum!

Grässlich. Ich stand mit Angst und einer komischen Gedanken auf. Den nächsten Morgen musste ich wirklich zur Tankstelle, um Benzin zu tanken, genau auf dieseaus dem Traum. Ich konnte es nicht glauben!

Der Traum ging in Erfüllung! Nur, anstatt der Flammen kam es zu einem dicken Rauch und die Arbeiter verhinderten, dass das Auto in Flammen aufging. Ich dachte vor Angst würde ich Ohnmachtig werden. Vom Auto rannte ich so weit weg wie möglich und nicht einmal Gott hätte mich dazu bringen können wieder in den Wagen zu steigen.

Nach Hause ging ich per Anhalter. Dort empfing mich Zarko mit der Geschichte, dass dieses einfach nur Zufälle wären und dass ich auf so einen Blödsinn nicht

achten sollte. Aber für mich war es kein Blödsinn. Und dann fragte ich mich-was zum Teufel mit mir geschah?

Was immer ich auch träumte, es ging in Erfüllung. Nicht immer, aber oft. Ich fing an mich zu fürchten. Vielleicht bin ich nicht normal, oder vielleicht wirklich eine Hexe. Ich fing an mit mehr Achtung all diesem zu folgen. Und suchte nach Antworten, aber es gab keine. Ich musste darauf achten nur an Dinge zu denken, die ich mir auch wirklich wünschte, nichts anderes.

In Serbien begann die Krise. Im Fernsehen und im Radio redete man nur noch davon. Die Inflation stiegt von Tag zu Tag. Das Geld verlor mit jedem nächsten Tag seinen Wert. Es wird immer schwerer das Geschäft zu führen. Langsam stapeln sich die unbezahlten Rechnungen, der Arbeitslohn wird mit Verspätung bezahlt, die Schulden werden immer größer und es gibt keine Aussichten für einen Ausweg.

Täglich hatte ich vom Stress und viel Arbeit hohes Fieber. Ich musste aber weiter arbeiten. So setzte ich mich ins Auto mit Anhänger und fuhr Richtung Valjevo wegen der Ware, Margarine zu besorgen. Valjevo ist so gegen achzig Kilometer von meiner Stadt entfernt.

Ein Mangel an allem. Es gab gar nichts mehr. Man besorgte eine Tonne Margarine und nach einem halben Tag gab es keine mehr, alles war ausverkauft und mit dem davon verdienten Geld konnte man nicht mal eine Rechnung zahlen. Bis ich losging und zurückkam, beeinflusste die Inflation den ganzen Gewinn und brachte zu seinem Verlust.

Ich zahlte mehr, als ich verdiente. Was für eine Berechnung! Und so war es von Tag zu Tag. Ich stürzte immer tiefer in die Schuldenschlucht.

Um uns irgendwie zu retten und zu überleben nahmen wir ein Hypothekenkredit für die Begleichung unserer Schulden. So senkten wir nur noch tiefer. Dass man uns unser Haus wegen der Schulden nicht abnahm, ließen Zarko und ich uns scheiden, da das Haus nur auf seinen und die Firma auf meinen Namen ging. Aber Drago Zigeuner, Inhaber der Bank bei der wir den Kredit aufgenommen hatten, war auf einmal die wichtigste Person der Stadt. Sehr oft hörte man im Radio, dass er Häuser von Schuldnern weggenommen und die Familien auf Straßen gejagt hatte. Keiner konnte etwas gegen ihn tun, er hatte Geld und Verbindungen überall, er machte was und wie er wollte. Er nutzte die Lebenslagen ohne Ausweg der armen Leute, die in die Krise wie wir geraten waren. Die Banken hatten kein Geld und er nutzte dieses und bot Kredite zu ungewöhnlich hohen Zinsen an. Danach nahm er das Eigentum der Unglücklichen weg. Wer auch nur den Namen Drago Zigeuner hörte, fürchtete sich schon.

Die Scheidung ging ruck zuck. Fünfundzwanzig Jahre unserer Ehe waren gelöscht.

Ich fühlte eine Erleichterung, als ob ich von irgendeiner Last befreit wurde. Zum Schluss stellte sich heraus dass die Scheidung umsonst war. Zarko war gezwungen zu unterschreiben für die Hypoteke und dadurch gab er sein Einverständnis zum Eigentumsverkauf, falls es dazu kommen sollte.

Die Inflation gefährdete das Land. Alle spürten es und überlebten kaum. Es kam zum Krieg zwischen den Serben und Kroaten in Kroatien und dann in Bosnien. Flüchtlinge kamen mit Traktoren und Fuhrwagen. Sie flohen vom Krieg nach Serbien. Wir hatten ein Haus mit zwei Wohnungen. Wir wohnten im Obergeschoss und das Erdgeschoss war frei. In der Stadt war eine Flüchtlings sammelstelle, wohin Frauen mit Kindern ohne ihre Männer flüchteten. Sie suchten sichere Unterkunft.

Mit Darko ging ich oft dahin in der Hoffnung, dass wir irgendwie helfen konnten.

Es war sehr traurig die armen Leute zu sehen, die sich von den Kugeln in Schutz brachten. Sie retteten nur das nackte Leben und nahmen nur das was sie in den Händen tragen konnten mit. All das traf mich sehr.

Ich dachte wie viel wir nur hatten, auch neben all den Schulden im Vergleich zu diesen armen Leuten. Ich sah eine junge Mutter mit einem kleinen Kind, die endlos weinte. Der kleine Pavle überlebte das Bombardieren und fürchtete sich vor jedem Schall. Wir brachten sie in unser Haus, die Slavica mit dem kleinen Pavle und Schwester Vera.

Sie hatte nichts außer Kleidung, nur ihr nacktes Leben. Selbstverständlich verlangten wir keine Miete...Slavica fing an in unserem Geschäft zu arbeiten um irgendwie die Familie zu ernähren und sie gab wirklich alles von sich. Sie gab sich Mühe, als ob es ihr eigenes Geschäft gewesen wäre.

„Dass ich euch wenigstens irgendwie für all das Gute, was ihr für uns getan habt, zurück zahle."-sagte sie gewöhnlich und fing an zu weinen. Mich rührte das mitten ins Herz. Wir zahlten ihr den Lohn, genau wie anderen Arbeitern auch.

Die Inflation wurde immer größer. Es reichte nicht mehr für die Miete für die Geschäfte und wir hatten drei davon. Drei Geschäfte-alle im Minusstand. Was sollten wir machen und wie sollten wir uns aus der schweren Situation retten? Am Tag die Arbeit und das Laufen und nachts die Schlaflosigkeit wegen allen Problemen die wir hatten. Überall wurden Geschäfte geschlossen, als auch Unternehmen die jahrelang ein gutes Geschäft machten. Viele Leute kamen dazu, dass sie nicht einmal Brot hatten. Die Ausrede der Regierung war, dass die Flüchtlinge ein Problem waren.Millionen an Flüchtlingen, die man ernähren musste.

Einer von denen der nichts mehr hatte, war mein Vater und Mutter. Derzeit konnte er von seinem Lohn nur eine Schachtel Zigaretten kaufen. Wir gaben ihnen alles von Ware was sie fürs Überleben brauchten. Und das war irgendwie

selbstverständlich. Es waren meine Eltern, ich konnte sie nicht einfach vor Hunger sterben lassen. Wir hatten auch nicht genug, aber ich musste ihnen helfen. Unsere finanzielle Lage interessierte sie überhaupt nicht. Das störte mich auch, aber alles verlief nach wie vor. Gib und sei ruhig! Ich musste immer ruhig sein und auf sie hören, um eine gute Tochter zu sein. Und ich war für sie nie gut genug, egal was und wie ich es machte. Und das tat weh. Eine erwachsene Person, die sich bemühte von den Eltern Achtung und Liebe zu gewinnen...

In all dem Wahnsinn stellten die Ärzte bei mir eine Lungentzündung fest und die Gefahr vor einem Nervenzusammenbruch.

Ich musste sofort meine Arbeit aufgeben und irgendwo zur Behandlung hingehen, alle Probleme vergessen, sonst ist es mit mir fertig. Derzeit gab es bei uns keine Spritzen für die Behandlung. Es gab einfach keine. Wenn ich auch zufällig über eigene Wege welche finden würde, kostete eine fünf Mark. Wie soll ich irgendwo hingehen und alles in der Lage mit solchen Problemen lassen? Aber ich musste.

Jeden Tag ging es mir immer schlechter. Meine Tante die in Frankreich lebte, lud mich zu sich ein, um mir etwas mit der Erholung zu helfen.

In kürze starb unsere Vater.Es fiel mir sehr schwer.Er war gegangen ohne mir je zu sagen ,dass er mich lieb hatte, mich brauchte.Meine Seele tat so weh.

Alles war vergangen und ich hatte ihm alles verziehen.die

Prügel und den Scham,den ich wegen ihm erlitt,als er mich vor meinen Freunden geschlagen hatte.Alles war weg und ich habe nur Traue gehabt.

Ich nahm einen Bus bis nach Genf und dort wartete mein Bruder Milos auf mich.

Er brachte mich zur Tante, bei der ich zwei Wochen verbringen durfte. Sie würde mich zu verschiedenen Untersuchungen ins Krankenhaus bringen. Ich genoss die Gebiete durch Italien, die Schweiz und Frankreich. Und dann wusste ich was ich will! Ich will so weit weg wie möglich aus Serbien. Je weiter in eins dieser wunderschönen Länder, desto besser! Ich gehöre nicht dahin wo ich gerade bin. Zu Hause hatte ich nie das Gefühl, dass ich dort hingehöre. Der Bus ist voll von

Gastarbeitern die über alles reden und viele davon benutzen falsche Worte während der Rede um kluger zu erscheinen, manche haben sich die Schuhe ausgezogen und haben Fuß und Schweißgeruch. Sie tranken und sangen. Auch neben all dem, fühlte ich mich nach langer Zeit irgendwie frei und lachte vom Herzen. Die lange Fahrt störte mich nicht, auch der alte Bus und Gestank der dreckigen Strümpfe nicht. Nichts störte mich. Ich hatte alle Probleme irgendwo in den Hintergrund gedrückt ,Vaters tot ,offene Rechnungen,Hypoteke ,alles , und mich als freier Vogel voller Lebensfreude gefühlt. Ich trug jede Stadt, die mir gefiel und in der ich Leben wollte, in mein Notizheft ein. Zum Schluss ergab sich, dass mir jede Stadt gefiel und ich überall leben wollte, nur nicht in Serbien.

Mein Bruder wartete auf mich, wie wir es auch abgemacht hatten und dann fuhren wir zur Tante. Dann auf einmal, wie im Traum sehe ich MEINE TRAUMBRÜCKE .

„Milos, halt an! Da ist meine Brücke! Milos erschreckte vor meinem Schrei und hielt an.

„Um Gottes Willen, was ist in dich gefahren? Bist du verrückt geworden? Du hast mich zum Tode erschreckt! Was für eine Brücke denn?"

Ja meine Brücke, von der ich mein ganzes Leben lang träume

Und ich spürte, dass ich hingekommen war, wo ich hinkommen sollte. Ich werde das Gefühl, das ich damals hatte, nie richtig beschreiben können. Ich fühlte ich wäre irgendwo angekommen, wo ich ankommen sollte. Alle Teile waren zurechtgelegt und stimmten überein.

Als ich dem Milos ganz aufgeregt erzählt hatte worum es ging und was meine Brücke bedeutete, machte er nur ein Kreuz und sagte-„Du hast sie nicht mehr alle!

Zum ersten Mal höre ich so etwas! Wie können solche Dinge geschehen??" Dann erzählte ich ihm über alles, was ich vorher geträumt hatte und was auch in Erfüllung ging! Er glaubte mir nicht und schlug vor ich sollte einen Psychiater aufsuchen. Er dachte mir würde etwas fehlen. Vielleicht hatte er recht. Aber, warum brauchte ich einen Psychiater?

Ich stand, betrachtete die Brücke und konnte meinen Augen nicht glauben. Konnte es möglich sein, dass so etwas passiert?

Ich hatte jahrelang von ihr geträumt und jetzt gefunden. Ich hatte das Gefühl ich tagträumte, als ob ich wieder auf der Brücke war. Ich fürchtete mich, weil sie sich schrecklich schwingte und überquerte sie nicht vor lauter Angst.Ich blickte auf der anderen Seite und spürte, dass ich genau hierhin kommen sollte. Warum? Das weiß ich nicht. Ich weiß auch selber nicht was los ist. Als wäre ich aus einem Traum aufgewacht, als ob ich irgendwo angekommen bin, wo ich schon vor langer Zeit hinkommen sollte.

Die Brücke alt über einer großen, tiefen Schlucht, vor der ich mich jahrelang fürchtete ist nicht mehr benutzbar. Es gibt ein großes Schild mit dem Überquerungsverbot. Ängstlich ging ich näher zur Brücke um ein Foto zu machen und es als Andenken an meine Brücke aufzubewahren.

Von den Tag an Träumte ich nie mehr von den Brücke.

Viele Jahre später traf ich auf einem Seminar in Deutschland irgendwelche Deutsche und einen Russen, die Träume analysierten. Sie wollten mir erklären, wie

und warum mir alles passieren würde. Aber ich hatte weder Zeit noch Geld mit all dem anzufangen, obwohl ich es mir sehr wünschte und ich wünsche mir es auch

heute noch.

MEINE BRÜCKE 05.1994. Schweiz

In Frankreich pflegte mich meine liebe Tante, sie kümmerte sich und achtete auf mich. Sie behandelte mich und gab mir Liebe und das Gefühl einen Wert zu haben, wertvoll zu sein, allein weil es mich auf der Welt überhaupt gibt.

Meine gute Tante. Bei ihr vergaß ich alle meine Probleme, ich dachte nur an meine Kinder und an mich. Ich vergaß den Stapel von unbezahlten Rechnungen und die Worte meines Mannes-„Mach was du willst und kannst, es ist deine Firma schau wie du aus der Scheiße rauskommst!

"Ich habe meinen eigenen Beruf". Wenn das Schiff sinkt, fliehen die Ratten als erste. So machte er es auch. Solang alles gut gewesen war, und es genug Geld gab gehörte die Firma auch ihm und jetzt war sie nur noch meine, Selbstverständlich, all die Schulden auch.

Wir hatten es alle gut und jetzt war nur ich alleine schuld, schuld weil nicht alles wie vorher war, weil das Elend kam. Zu all dem kamen auch die Gerüchte der Nachbarn: „Der arme Zarko, er arbeitet nur und sie macht sich nur hübsch, sieh mal bis wohin sie mit der Firma gekommen ihn". Als ob ich die klügste war und so was nicht passieren durfte. Auch viele klügeren als ich gingen kaputt.

In den Tagen ging's mir bei meiner Tante richtig gut. Aber ich musste in den schwarzen Alltag zurück.

Bei meiner Tante habe ich gehört dass mein Bruder Milos von unserem Vater alles geerbt hat.dass war ein Schock für mich.

Slavica kehrte nach Bosnien zurück, weil sie schwanger war und sie dort in Bosnien, bei ihrem Mann, das Kind gebären wollte. Sie fürchtete sich nicht mehr vor dem Krieg, sie wollte nur so schnell wie möglich weg zu ihrem Mann.

„Wenn es mein Schicksal ist umzukommen, dann werde ich es auch. Ich weiß nur, dass es so nicht weitergeht"-ihr Kinn zitterte als sie die Worte aussprach.

„Wenn es ein Mädchen wird, dann werde ich sie nach dir nennen, Mira".

Das ging mir sehr zu Herzen. Es tat mir Leid, dass sie ging, aber ich verstand sie.

Das Herz zog sie zu ihrem Mann und sie musste gehen.

Eine andere Familie kam in unser Haus, auf ihren Platz. Eine alte Oma mit Sohn, Schwiegertochter und zwei kleinen Kindern. Sie waren auch aus Kroatien geflüchtet. Mann hätte sie alle umgebracht ,wenn sie ihr Haus nicht verlassen hätten.

Sie waren geflüchtet um ihr Leben zu retten. Mehr als elf Jahre lang waren sie ohne Mietezahlung bei uns, denn sie hatten kein Geld...Später kam heraus, dass es gut war, dass sie bei uns waren...Sie kümmerten sich um Darko und das Haus, als wir beide in Italien waren...

Mein Bruder Mirko heiratete als er noch jung war und bekam zwei Töchter, Vera und Mila. Er bekam ein Grundstück vom Vater und baute ein Haus. Sie hatten einen gemeinsamen Hof mit den Eltern. Die Verhältnisse zwischen ihnen wahren nie normal. Sie stritten sich ständig über dies und jenes. Auf Mutter und Vater musste immer gehört werden. Sie waren die allerklügsten und Mirko war immer unter ihrer Überwachung. Das führte zu kräftigen Streitereien zwischen ihm und seiner Frau, bis sie eines Tages ein Autounfall hatte und ums Leben kam und zwei Mädels hinterließ.

Es war meine Aufgabe es ihnen mitzuteilen. Ich werde den Tag, an dem ich ihnen sagen musste, dass ihr Mutter tödlich verunglückt war, nie vergessen. Sie rollten sich beide um meine Beine zusammen und jaulten wir verwundete Hündchen. Wie konnte man den unglücklichen Kindern erklären, dass sie keine Mutter mehr hatten, dass sie nie wieder zurückkommen würde und dass sie sie niemals wieder sehen würden...

Meine Mutter übernahm die Sorge um die Mädchen. Sie kochte für sie und machte die Wäsche aber konnte ihnen nicht die richtige Liebe schenken, die sie so brauchten. Mutters Liebe.Dass kann keine.Sie brauchten ihre Mutter.

Alles was es gab waren Verbote. Alles musste nach ihren Maßen sein. Sie konnte oder wusste es nicht anders zu sein.

Es war nicht mal ein Jahr nach dem Tod von Mirkos Frau vergangen und Mirko heiratete wieder, eine Lehrerin. Die Mädchen ertrugen die Anwesenheit der Stiefmutter sehr schwer, die ganz das Gegenteil ihrer Mutter war. Sie war alles, außer lieb. Mit den Mädchen hatte sie nicht gute Verhältnis, jedoch war sie nicht eine böse Stiefmutter. Sie selbst war ohne Mutter aufgewachsen mit verschiedenen Stiefmüttern, die ihr Vater ständig gewechselt hatte, sodass solch ein Leben tiefe Spuren auf sie hinterlassen hatte. In kurzer Zeit hatte sie ein Mädchen zur Welt gebracht und danach auch einen Sohn.

Mutter verursachte auch weiter Krach zwischen Mirko und seiner jetzt neuen Frau.

Ständig störte sie etwas und nichts passte ihr. Mirko fand sich schlecht zurecht in solchen Situationen. Er wusste nicht wie und wem er es Recht machen sollte, der Mutter oder der Frau. Er erkrankte. All der Streit und gespannte Lebenslagen hinterließen Spuren auf sein Gesundheit.Er machte immer was die Eltern wollten und das machte einen große Druck auf seine Seele.

Als Vater gestorben war, wurde alles noch schlimmer. Mutter hing an meinem Bruder wie eine Zecke und saugte ihm die ganze Kraft aus.

Er überlebte zwei Herzanfälle, wusste nicht wie und was er machen sollte. Mutter zog ihn immer an der Leine und komandierte mit ihm rum. Er war nie gut genug für sie und wiederrum konnte sie ohne ihn nicht auskommen. Sie rief immer nach ihm.

Er verkaufte das Haus und zog weiter Weg, um sich etwas zu befreien. Aber er machte es nur schlimmer, denn er musste jeden Moment sechs Kilometer fahren, wenn sie es verlangt hatte.

Milos war anders. Er ließ sowas nicht zu und achtete nur auf sich und seine Familie. Er hatte eine Frau und zwei Kinder. Eine Tochter und einen Sohn. Er reiste nach Frankreich und ließ sich nicht an der Leine führen wie Mirko. Später übernahm er die Pflicht sich um Mutter zu kümmern, sie zu ernähren und zu beerdigen. Für das bekam er das Haus und alles andere.

Milos und ich hatten ein irgendwie unklares Verhältnis. Wir sprachen miteinander, wenn wir uns begegneten. So wie es sich gehört, aber es kam selten dazu. Immer gab es die offene Frage zwischen uns-warum hatte er die Erbschaft heimlich angenommen? Ohne, dass sein Bruder und seine Schwester es gewusst hatten?

Zwei Wochen nachdem Vater gestorben war kam heraus, dass er heimlich, sodass keiner es wusste, fünf Jahre bevor Vater gestorben war das Haus von ihm bekommen hatte, ohne es jemandem zu sagen. Als ich es erfuhr, hatte ich das Gefühl, dass ich Vater zum zweiten Mal verlor. Er war weg und hatte einen Streit zwischen den Kindern hinterlassen. Ich wollte mich nicht streiten, aber es schmerzte bis zur Bewusstlosigkeit, dass er sowas getan hatte und noch mehr, dass mein Bruder es auch ohne mein und Mirkos Wissen angenommen hatte. Was war das für ein Mann und was für ein Charakter? Ich wollte ihn nicht danach fragen, denn ich wollte nicht auch ihn verlieren. Immerhin war er mir mehr Wert, als das ganze Eigentum.

Aber zum Schluß verlor ich ihn doch, als wären wir nicht mehr Bruder und Schwester gewesen. Ich ärgerte mich nicht mehr wegen dem Haus. Das Haus brauchte ich nicht, ich hatte mein eigenes, aber wegen dem Gefühl, dass er und mein Vater mich enttäuscht hatten. Sie hatten mich abgewiesen und überrollt. Ich hatte meine Wurzeln verloren. Mutter verzieh mir nie ,dass ich deswegen enttäuscht war. Ich konnte nicht verstehen warum sie das getan haben. Wenn mein Vater mich geliebt hätte würde er mit mir darüber geredet haben. Und mein Bruder, wäre er ein guter Mensch gewesen, hätte er sowas nie gemacht.

Und dass alles hat sehr weh getan.

Nach dem Aufenthalt bei meiner Tante in Frankreich, fiel mir die Rückkehr viel schwerer als ich es gedacht hätte. Die Inflation war noch mehr gestiegen, es bestand überhaupt keine Möglichkeit weiter Geschäfte zu führen. Von Tag zu Tag höhere Schulden und ein Warenmangel an allem. Viele Lebensmittel gab es überhaupt nicht genügend-Milch, Brot, Margarine, auch kein Benzin, gar nichts.

Wir waren gezwungen die Geschäfte zu schließen, die Arbeiter zu entlassen und wir hatten achzehn Arbeiter. Wir musste einen Ausgang aus allen Problemen finden. Aber wo sollte man anfangen?

Ich sehnte mich immer danach wieder ins Ausland zu gehen und versuchte einen Weg zu finden, um das auch Wahr zu machen. Ich fand eine Agentur, die Hilfe für Besorgung von Arbeitserlaubnissen für Italien anbot und wurde um eine Menge Geld betrogen, das wir geliehen hatten. Wir versuchten es wieder selbst und reisten nach Rom, wo wir eine Aufenthaltsbewilligungen bekamen.

Die Ankunft in Rom war wie ein Traum. Eine Millionenstadt, die Leute wie Ameisen, eilten alle mit vollen Plastiktaschen. Man fühlte das Leben, hier war die Zeit nicht stehen geblieben. Im Zug, im Bus, auf den Bänken und an jeder Ecke lasen Leute Romane. Ich hatte nirgendwo gesehen, dass so viel Menschen lesen, überall. Es gab viele Bettler an jeder Ecke, mit ausgestreckten Armen Prego, o fame. Sie bettelten um etwas Geld, das ich auch selbst nicht hatte. Das zerstörte etwas das Vorbild von Rom, das ich hatte und erinnerte mich an Serbien.

Neben all dem war der Lebenskreis wundervoll. Ich schmelzte mich hinein und vergaß in einem Augenblick die Probleme. Mein Herz war voller Hoffnung, dass ich da finden würde was ich suchte. Aber, was suchte ich? Ich wusste es selber nicht ganz genau.

Die Rettung aus der ganzen Lage! Ich möchte eine Arbeit finden und genug verdienen, um das Haus vor dem Elend zu retten. Das Haus von der Hypotheke befreien, damit der Zigeuner nicht seine Hand auf mein Eigentum stellt und meinen Kindern das Dach über dem Kopf nimmt. Das ganze Geld, das wir mitgenommen hatten, hatten wir als Vorschusszahlung für die Miete gegeben, sodass wir die Aufenthalts-und Arbeitserlaubnisse bekommen konnten. Nichts blieb übrig. Es war schwer eine Arbeit zu finden und die Straßen waren voll von Ausländern die an Ecken lagen und bettelten. Ich war auch Ausländerin. War mein Schicksal auch wie dieses der armen Leute? Würde ich da mein Glück, das ich mir erhofft hatte finden? Ich stellte immer mehr Fragen und fand keine Antworten. Die Kinder hatte ich zu Hause zurückgelassen.

Darko war immer noch nicht volljährig und er musste alleine bleiben bis Stefan in einer anderen Stad an der Fakultät war. Mich zerstörte die Sorge nach ihnen, was sie wohl machten, ob sie was zu essen hatten, Geld? Die Familie, die im Erdgeschoss lebte, kümmerte sich um Darko, als wäre er ihr eigener Sohn gewesen.

Die Wohnung die wir gemietet hatten, war schön und groß. Mit Blick aufs Meer.Und ich sah das nicht. Ich ging durch die Straßen, als wäre ich verrückt gewesen. Was und wie sollte ich tun. Keine Arbeit, kein Geld, weder für mich noch für die Kinder. Wenn ich ins Geschäft ging um etwas Lebensmittel zu kaufen, beneidete ich die Leute, die ihre Einkaufuwagen voll mit dies und das vor sich schieblen und meine Kinder und ich hatten nichts. Und ich wünschte mir immer wieder, dass sich alles ändern würde, endlich bessere Zeiten kämen und tief in der Seele wusste ich, dass der Tag irgendwann auch mal kommen würde.

Zarko saß den ganzen Tag in der Bar, spielte Schach und wartete darauf, dass ihn jemand anrief, eine Arbeit anbot. Und davon wurde nichts. Zum Schluss kehrte er nach Hause zurück, mit der Ausrede, es wäre besser gewesen dort mit den Kindern rum zu sitzen, hier gab es sowieso keine Arbeit. Er sagte er würde wieder kommen, wenn ich ihm eine Arbeit gefunden hätte und ging einfach...Er ging und ließ mich alleine ohne einen Cent. Was sollte ich machen?

In Ostia, so hieß eine Stadt nahe Rom wo ich wegen der Arbeitsuche hinging, lernte ich die Italienerin Betti kennen, der ich ganz schnell sehr nahe stand, wie einer eigenen Schwester. Mit ihr konnte ich über alles reden. Wir verstanden uns mit Händen und Füßen. Ich konnte ein wenig Italienisch. Aber wenn sich Leute nahestehen, verstehen sie sich irgendwie ohne Sprachkenntnisse. Sie sagte mir ich sollte in die russische Kirche gehen und dort um Hilfe betteln.

Ich ging dahin und erzählte dem Priester alles, weinte mich aus, befreite meine Seele von dem Druck und erleichterte mich etwas. „Gehe in die Caritas mein Kind, da gibt man dir zu essen". Aus meiner Hoffnung dass mir man dort helfen würde,wurde nichts.

Caritas. Das furchtbare Wort. Dahin gehen, wo Arme und Bettler hingehen. War ich eine von den?! Das schlug mich ganz nieder, es demütigte mich...Ich hätte mir nicht vorstellen können, dass ich so niedrig fallen würde. Zu Hause, als ich die Geschäfte hatte, hatten wir vor zwei-drei Jahren alles, vor der Inflation. Genug Geld, drei Autos.

Derzeit gab es alles...Man konnte gut leben. Wir konnten uns alles gönnen, was wir uns wünschten und jetzt ging ich in die Caritas und bettelte. Der Scham und die Schüchternheit quälten mich. Was sollte ich nur tun. Ich konnte nirgendwo anders hin. Ich musste mein Schamgefühl irgendwie in den zweiten Plan setzen und unterdrücken. Ein hungriger Magen fragt nicht ob du stolz bist oder nicht, wo du isst, es ist nicht mal wichtig was du isst. Es ist wichtig, dass er voll ist.

Der Saal voll von armen Leuten wie ich. Alle saßen mit gesenkten Kopf und aßen was man ihnen gab. Ich aß und hatte das Gefühl ich würde ersticken. Die Tränen kamen von alleine aber ich hoffte, dass man das hinter der Brille, die ich trug, nicht merkte. Dann hob ich den Kopf und sagte mir-nur ein paar Tage, dann werde ich schon einen Weg finden. Ich werde nicht lange bleiben, dachte ich. Ich werde eine Arbeit finden, wie ich es kann und weiß.

Zwei Tage später fing ich in einer Schneiderei an zu arbeiten, vier Stunden am Tag, jeden Tag. Ich verdiente vierhundert Mark monatlich und die Miete war siebenhundert. Wie sollte es weiter gehen? Ich aß auch weiterhin in der Caritas.

Langsam gewöhnte ich mich an die Lage. Es war wichtig, dass man überlebt.

Zarko kam zurück und fing an zusammen mit mir in die Caritas zu gehen. Ihn störte es nicht, dass wir dort aßen. Zu Hause hatten wir sowieso nichts, außer Tee und Mittagessen hatten wir in der Caritas.

Zum Mittagessen frage ich nach noch einer Schnitte Brot, nahm sie mit in die Wohnung, damit ich etwas zum Abendessen hatte , sonst aß ich nichts und musste hungrig ins Bett. Das waren schwere, schwarze Tage. Am schwersten fiel mir, dass ich den Kindern nichts schicken konnte. Was würden sie essen? Stefan fand in

Belgrad irgendwie einen Ausweg, kaufte etwas und verkaufte es dann und so verdiente er etwas Geld. Darko aß bei den Mietern. Meine Mutter lebte fünfzig

Kilometer von ihm entfernt und war nie hingegangen um ihn zu besuchen, um zu sehen wie es ihm ging. Als ob er keine Oma hätte.

Ich wusste nicht was ich weiter tun sollte. Wie sollte ich einen

Ausweg finden? Ich hatte das Gefühl, dass mir meine eigene Haut zu eng war, dass ich platzen würde, explodieren. Es gab keine Rede davon wieder nach Serbien zurückzukehren. Wir mussten dort einen Ausweg finden.

Die Nächte waren am Schlimmsten. Als ich schlafen sollte, kam der Schlaf einfach nicht. Zarko lag in seinem Bett und schlief, schnarchte, während ich wach an die Kinder dachte. Es ging mir so, dass ich sterben wollte. Was für ein Leben war das nur? Ich war von ihnen getrennt und wir hatten nicht einmal ordentlich zu essen.

Ich war so in meinen Gedanken und betete, dass ich wenigstens eintausend Lire (einhundert Mark) hatte um sie den Kindern zu schicken.

Der nächste Tag war Sonntag. Zarko spielte wie immer Schach in der Bar. Ich entschloss nach Hause zu gehen. Die Straße war leer, es gab keinen Menschen und mir waren wie immer nur die Kinder im Kopf. In dem Moment kamen zwei Jungen auf einem Fahrrad entgegen. Ich ging zur Seite um sie durchzulassen und auf einmal sah ich einen schwarzen Geldbeutel, der im Halbkreis wie ein Regenbogen direkt vor meine Beine flog. Ich konnte meinen Augen nicht glauben. Ich dachte ich halluzinierte. Die Jungen waren schon weg und ich sah auf der ganzen Straße niemanden in der Nähe. Ich drehte mich um, um zu prüfen ob mich jemand sehen würde. Es war niemand da. Ich hatte das Gefühl, als ob ich ein Dieb wäre, als würde ich etwas stehlen. Aber wieder die Hoffnung, dass ich vielleicht Geld finden würde war stärker als alles andere. Ich nahm schnell den Geldbeutel, tat ihn in die Handtasche und verschwand in der nächsten Straße. Ich traute mich nicht ihn zu öffnen, bevor ich in der Wohnung war. Als ich ihn öffnete, fiel ich fasst um.

Im Geldbeutel war genau so viel Geld, wie ich es mir wünschte-einhundert Mark.

Wer hatte mir das geschickt? Welche höhere Gewalt? Das Geld war mir vom Himmel gefallen. Ich wusste keine Antwort, ich weiß sie auch heute nicht. Ich weiss nur, dass ich viele Sachen, die ich mir wünsche, auch bekomme. Am nächsten Tag schickte ich das Geld sofort den Kindern und ich hatte kein schlechtes Gewissen. Ich war dort irgendjemanden der mir das Geld geschickt hatte, dankbar. Jemandem von oben. Zarko konnte es nicht glauben. Er sagte wieder, dass ich eine Hexe war. Vielleicht war ich es auch. Das wichtigste war, dass ich den Kindern etwas Geld geschickt hatte, alles andere war unwichtig.

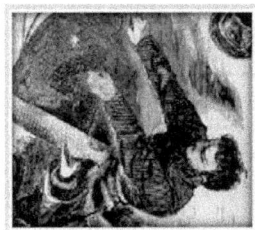

Die Tage vergingen. Ich verdiente auch weiterhin wenig und Zarko überhaupt nicht. Er fand keine langfristige Arbeit. Er arbeitete zwar zeitweise, aber es gab keine Aussichten für ein besseres Leben. Was sollten wir tun? Die Frist für die Kreditrückzahlung verging, langsam aber sicher und wenn wir ihn nicht zurückzahlen würden, würde unser Haus weggenommen werden. Der Gedanke, dass wir wegen der nicht gezahlten Schulden vielleicht das Haus verlieren konnten und die Kinder auf die Straße mussten vernichtete mich. Ich durfte nicht daran denken. Neben all den Sorgen fingen mich unklare Unruhen an zu quälen. Ich fühlte, irgendein Unglück würde geschehen.

Stefan war andauernd in meinen Gedanken. Wir telefonierten oft miteinander. Es war normal, dass er sich meldet wenn ich anrief, aber öfter rief er an. Ich spürte irgendeine Unruhe in meiner Seele und ich fing an ihn ständig anzurufen, aber er meldete sich nicht. Ich rief im Internat an, wo er mit anderen Studenten wohnte, er meldete sich nicht. Ich versuchte zu Hause anzurufen, er meldete sich nicht. Ich fühlte, dass irgendetwas nicht stimmte. Drei Tage versuchte ich ihn zu erreichen.

Zum Schluss stand ich eines Tages um fünf Uhr morgens auf und rief ihn von einer Telefonzelle aus an. Ich rechnete damit, dass er in der Zeit zu Hause oder im Internat sein müsste. Wieder nichts. Keine Antwort.

Ich spürte ein Unglück mit jedem kleinsten Teil meines Körpers. Nach einigen Tagen bekam ich eine Nachricht, dass mein Sohn einen Autounfall erlitten hatte, in dem drei seiner Freunde tödlich verunglückt waren und er war schwer verletzt. Es gab keine Worte mit denen ich den Schmerz und die Trauer, die Angst ob er es überleben würde und die Schwäche ihm nicht helfen zu können, beschreiben könnte. Ich wünschte mir so schnell wie möglich zu ihm zu gehen, um zu sehen ob er lebte, ihn zu umarmen und zu trösten, die Trauer mit ihm zu teilen, zu sehen wie es ihm ging, aber ich konnte nicht. Ich hatte keine Geld für die Fahrkarte nach Serbien.

Die verdammte Armut! Ich lernte auf die schlimmste mögliche Weise, die Bedeutung der Wörter Armut und Elend. Das Unglück hinterließ tiefe Spuren in seiner Seele. Er hatte seine toten Freunde neben sich gesehen und war beinahe selbst gestorben. Es tat mir wirklich leid wegen seiner Freunde, aber ich war glücklich und dem da oben dankbar, dass er mir eine schreckliche Tragödie erspart und mir nicht meinen Sohn genommen hatte...Und dann hatte ich mir wieder versprochen-ich werde Zarko verlassen und einen Mann finden, der mir ein normales Leben bieten kann! Einen Mann der für seine Familie kämpft. Der nicht passiv, von heute auf morgen, lebt. Mit dem ich nicht in so schwierige Lebenslagen kommen würde, kein Geld für eine Fahrkarte zu haben. Und das sagte ich ihm auch. Er antwortete nur- „Mich juckt's ja. Du kannst mich sofort verlassen". Das war das einzige was ihm einfiel mir zu sagen.

Mit Stefan verlief alles gut. Er verschmerzte die äußeren Wunden, aber trauerte er noch sehr, sehr lange wegen seiner verlorenen Freunde. Eine große Narbe blieb an seinem Gesicht, aber eine noch größere in seiner Seele, die er auch heute noch trägt und für immer tragen wird. Das sind Momente, die man nie verkraftet. Und er zu gut und empfindlich, ertrug es noch schwerer.

All das kam irgendwie zu einem Ende und wir mussten nach vorwärts schauen.

Wir hörten nach drei Monaten auf in die Caritas zu gehen. Langsam verdienten wir mehr und konnten uns alleine ernähren, aber auch den Kindern etwas Geld schicken. Und das war alles. Wir konnten uns nichts anderes leisten. Wir kamen durch, aber für die Kreditrückzahlung gab es keinen Pfennig und die Zeit verging zu schnell.

Eines Tages hörte ich während einer Fernsehsendung, dass es im Norden Italiens, in Bozen, Arbeit für alle gab. Alle die arbeiten wollten, würden sofort eine Arbeit bekommen. Das war unsere Chance! Das wäre unsere Rettung gewesen! Wir mussten dort hin! Hatten eine Gelegenheit Geld zu verdienen und die verdammte Hypothek für unser Haus zu streichen und uns von der großen Angst und dem Druck zu befreien. Ich dachte Zarko sollte zuerst gehen, da er keine langfristige Arbeit hatte. Er konnte hingehen, eine Arbeit finden und dann wäre ich nachgekommen. Aber, er wollte nicht. „Nein, besser ist du gehst. Du schaffst das besser". Das war seine Antwort und das Thema war abgeschlossen.

Es war mir nicht egal, aber der Wunsch nach einem besseren Leben und die Not zwangen mich dazu diese Reise zu unternehmen.

Was für ein Hass ich nur für ihn empfand! „Geh' du Frau, du wirst es besser schaffen. Und finde mir auch eine Arbeit. Frauen schaffen's immer besser als Männer". Welcher normale Mann würde sich so verhalten? Ist es nicht so, dass Gott den Mann auf die Welt schuf, damit er für seine Frau und Kinder sorgte? Na diesen Mann brauchte ich wirklich nicht. Warum hatte ich ihn überhaupt? Mit ihm war es genau so wie ohne ihn. Es war egal, ich würde gehen. Ich musste. Ich war in so einer Lage, dass ich mir es nicht aussuchen konnte. Es gab keine Aussichten, dass sich etwas von selbst aufs Bessere ändern würde. Geld hatten wir für die nächste Miete und das war's. Womit sollten wir dann weiterzahlen? Würden wir auf der Straße bleiben? Fragen kamen, eine nach der anderen... Ich hasste Zarko immer mehr. Das Leben mit ihm wurde unverträglich.

Wir waren nie ein Ehepaar gewesen, dass sich geliebt hatte, aber es hatte Zeiten gegeben in denen wir uns wenigstens vertragen.aber jetzt verschwand das auch, es blieb nur die Unverträglichkeit an beiden Seiten. Meine Abreise hatte auch eine gute Seite-ich würde wenigstens eine zeitlang ohne ihn sein, meine Seele erholen.

Ich musste mir ihn nicht jeden Tag ansehen und so tun, als hätten wir ein gutes Verhältnis, wobei wir keins hatten. Ich entschloss zu gehen. Franko, der Vater von meiner Betti, versuchte mich von der Abreise abzuregen. Er sagte, dass dort die Menschen kalt wären, gefühllos und ich würde da kein Glück finden. Es wäre besser ich würde da bleiben wo ich war. Vielleicht stimmte es, aber vielleicht auch nicht. Ich konnte mir es ja nicht aussuchen. Ich musste es versuchen und die Möglichkeit, die man mir anbot, nützen. Und so fingen die Vorbereitungen für meine Abreise an das andere Ende des großen Italiens an. Aus dem Süden in den Norden, in eine große Ungewissheit.

Ich packte meinen alten, zerfetzten Koffer. Alles was ich hatte. Mein ganzes Leben passte in den armen Koffer. Alles was ich hatte, befand sich in dem Koffer. Ich betete, dass er und ich bis zu diesem Bozen, wohin ich mich auf den Weg machte, aushalten würden. Ich drehte mich noch einmal um, zu sehen wo ich im vergangenen Jahr gelebt hatte. Hierhin würde ich nie wieder zurückkehren. Und ich wurde traurig ,weil ich wie ein Nomade lebte. Ich zog von einer Stadt zur anderen um. Was würde mein nächster Schritt sein? Was für ein Leben war das?

Um elf Uhr nachts war ich im Zug mit wenigen Reisenden. Wegen der Angst vor dem Unbekannten, konnte ich kein Auge zu machen. Wohin ging ich und was erwartete mich dort? Würde ich es schaffen Arbeit zu finden? Geld hatte ich nicht, es reichte nur für zwei Nächte im Hotel aus. Für eine Rückfahrkarte hatte ich keins. Das bedeutete, ich musste irgendeine Arbeit finden. Gott, mag es so sein!

Ich ging auf eine Reise ohne Rückkehr.

Es ist schon fünf Uhr morgens. Felder und Städte fliegen vor meinen Augen vorbei, eine Schönheit die ich nicht sehe. Nur Traurigkeit. Wohin führt mich mein Leben? Wo werde ich ankommen und werde ich zurecht kommen? Um sieben Uhr morgens kam ich an. Bolzano. Meine Station und menfang. Das erste was ich sah, als ich aus dem Zug stieg, waren Berge. Und das Gefühl, sie würden mich erwürgen. Ich konnte nicht atmen. Ich durfte nicht hingucken. Es kam mir vor als würden sie mich erdrücken wenn ich hinguckte. Vor lauter Müdigkeit und wegen dem schweren Koffer schaffte ich es kaum aus dem Zug zu steigen. Die Räder am Koffer waren abgefallen und ich musste die hälfte der Sachen rausnehmen und wegwerfen, weil er zu schwer war und ich ihn nicht tragen konnte. Dann setzte ich mich auf eine Bank und heulte den ganzen Schmerz raus. Leute gingen an mir vorbei und beobachteten mich mit Wunder weil ich weinte. Es war so schwer...Das Gefühl der Einsamkeit, Traurigkeit, des Elends und der Angst zerbrach mich.

Allein in einer unbekannten Stadt im fremden Land, ohne Geld und Arbeit.

Das kann man schwer beschreiben, das muss man erleben um se verstehen zu können.

Ich wollte nur die Augen schließen und sterben. Wozu brauche ich das Leben?

Und dann fiel mir ein, dass ich nicht alleine war, dass ich meine Kinder hatte, für die ich stark sein und es schaffen musste. Ich musste es schaffen und ich würde es auch! Ich zog den Koffer durch die Straßen und suchte ein billiges Hotel. Ich fand es und ließ die Sachen drin und machte mich, so müde wie ich war,auf die Suche nach einer Arbeit. Keiner wollte mich haben. Es war noch zu früh. Die Saison fing erst in einem Monat an. Was sollte ich in der Zwischenzeit tun? Angst. Wohin sollte ich gehen? Was sollte ich machen? Geld hatte ich nur noch für einen Tag und dann...Ich ging zur Rezeption, wo ich einen älteren, gutherzigen Mann auffand. Ich erzählte ihm unter Tränen alles... Dass ich kein Geld für die Rückkehr hatte, dass ich auf jeden Fall eine Arbeit finden musste. Er empfahl mir die Zeitung Dolomiten zu kaufen und die Anzeigen durch zu suchen. Das hab' ich auch gemacht.

Ich fand Arbeit in Meran. Wo zum Teufel war jetzt dieses Meran?!

Eine fremde Stadt und wieder alles unbekannt. Ich ging in noch eine neue Stadt und fand ein Hotel. Die Besitzerin wie eine Hexe, mit dünnen Lippen, wie zwei Linien, beobachtete mich als wäre ich vom anderen Planeten gekommen. Sie wollte mich zurückschicken, unter der Ausrede es wäre noch zu früh gewesen, sie hätten keine Arbeit...Ich konnte nur in dem Fall bleiben, wenn ich jeden Donnerstag die Wohnung ihres Sohnes putzen wollte. Mensch, ich würde alles machen! Nur, dass ich nicht zurück musste.

Mein Schuppen zu Hause war wie eine Villa im Vergleich zum Zimmer, das ich bekam. Drei mal drei. Wenn man das kleine Fenster öffnen wollte, musste man es runter nehmen und auf den Boden stellen. Wenn der Wind wehte, flog alles im Zimmer. Wenn ich mich etwas kräftiger auf das Bett setzten, fiel ich auf den Boden durch. Die Tage werde ich nie vergessen...Ich fing an vom frühen Morgen bis auf den nächsten Tag als tuttofare zu arbeiten. Das bedeutet, ich tat alles. Ich machte die Zimmer, wusch und bügelte die Wäsche, verteilte das Frühstück, Mittag-und Abendessen, zog die große Mülltonne auf die Straße...Abends ging ich wie ein Toter ins Bett und war jeden Tag immer dünner.

Die Besitzerin zählte jeden Bissen von mir. Noch nicht mal Wasser durfte ich trinken, wie viel ich wollte. Sie sagte ich wäre wie ein Schwamm gewesen, der Wasser einsaugte und würde ihr nur schaden, bzw. mehr Wasser trinken, als was ich für sie verdienen würde. Donnerstags ging ich zu ihrem

Sohn, ein Halb-Idiot, der mit einer Ausländerin verheiratet war. In meinem ganzen Leben hatte ich nie schmutzigere Leute gesehen.

Im Klo hatten sie Scheiße an der Wand, die ich immer weg machen musste. Ihr kleines Mädchen verschmierte es mit ihren Fingerchen an der Wand und ihren Papa und ihre Mama störte sowas nicht. Sie warteten auf mich, dass ich es sauber machte. Ich ertrug alles und war still, nur um mit dem Verdienen und der Kreditrückzahlung anzufangen.

Die Besitzerin hatte jeden Tag bevor sie nach Hause ging die Bananen gezählt in der Hoffnung dass ich oder der Hausmeister sie nicht gegessen hatten.Morgens früh hat sie noch mal gezählt.Und dass war so erniedrigend.

Aber ,man muss still sein und arbeiten.

Ich bekam meinen ersten Arbeitslohn! Ah, was für eine Freude! Ich schickte das Geld den Kindern und steckte etwas bei Seite. Sofort ging ich in die Sparkasse und erzählte dem Direktor die Wahrheit über meine Probleme. Ich erklärte ihm, dass ich mein Haus verlieren würde, wenn ich meine Schulden nicht rechtzeitig zurückzahlte. Er hatte Mitgefühl mit mir und bewilligte mir einen Kredit ohne Indossanten! Wenn du keine langfristige Arbeit hast, brauchst du einen Indossanten und er bewilligte mir alles ohne allem drum und dran.

Selbstverständlich zahlte ich den Kredit wie abgemacht zurück, einen Betrag nach dem anderen und die Bank ist auch heute noch meine Bank. Ich wickele alle Geschäfte über diese Bank ab. Die beste Bank auf der Welt!

Bei der Arbeit kam ich immer besser zurecht. Ich hatte viel gelernt, die Gäste mochten mich und gaben mir immer Trinkgeld. Für Zarko hatte ich auch eine Arbeit bei einem

Anstreicher auf einer Baustelle gefunden. Ich schickte ihm Geld für die Reise, fand ihm ein Zimmer mit Bad auf und zahlte dafür die Miete einen Monat im Voraus. Er kam sofort und fing an zu arbeiten. Jeden Tag ging er am Hotel in dem ich arbeitete vorbei, aber kam niemals rein um mich zu sehen. Das störte mich. Während der Trennung mit ihm, hatte ich genug Zeit über uns beide nach zu denken. Irgendwie tat es mir leid, dass wir kein gemeinsames Glück gefunden hatten, keinen Weg für eine stärkere Verbundenheit und ein gemeinsames Leben, wie es eigentlich sein sollte. Obwohl wir nicht in einer üblichen Ehegemeinschaft lebten, waren wir durch unsere gemeinsamen Kinder und durch die zusammen verbrachten Jahre verbunden. Jetzt waren wir hier, im Land wo es uns eines Tages gut gehen würde, man konnte gut verdienen und leben. Es ist selbstverständlich, dass man für alles Zeit braucht, aber wir konnten nachträglich dann die Kinder holen.

Ich war so in meinen Gedanken und vergaß alle Versprechen, die ich mir gegeben hatte. Ich dachte wieder, es würde sich lohnen, wenn ich es versuchte mit ihm neu anzufangen. Aber er war nicht der selben Meinung. Ihn interessierte nichts. Er arbeitete an einer Fassade, an einem Haus in der Nähe vom Hotel wo ich arbeitete.

Jeden Dienstag hatte ich frei und wartete auf ihn vor dem Gebäude, um mit ihm zusammen zu sein wenn er mit der Arbeit fertig war. Er kam immer mit Tüten voll mit Nahrungsmitteln und ich half ihm diese bis zu ihm nach Hause zu tragen. Er hatte mir nie etwas gekauft. Nicht mal ein Bonbon oder etwas anderes. Nie etwas.

Das störte mich auch. Er war und ist ein Egoist und Selbstsüchtiger geblieben.

Wichtig war, dass das was er hatte, für ihn allein ausreichen würde.

Im Zimmer wo er wohnte, gab es ein französisches Bett. Als wir zusammen rein gingen, hatte er Angst dahin zu gucken. Wir mussten immer auf die Terrasse, tranken den Kaffee, den er gekocht hatte aus und gingen dann schnell wieder raus.

Er musste sich wohl gefürchtet haben, dass ich von ihm etwas verlangen würde, mit mir zu schlafen...Und ich hoffte es auch vielleicht, dass es dazu kommen würde. Vielleicht würde er es versuchen. Nichts. Leere Wünsche. Ich war jung und es erwachten Gefühle zu ihm. Aber davon wurde nichts... Ich hoffte, dass er wenigstens hier in Italien versuchen würde unser Verhältnis zu verbessern. Wenn er es wenigstens versuchen würde. Zehn lange Jahre hatten wir nicht miteinander geschlafen. Was lang ist, ist lang! Aber er wünschte es nicht. Er sah mich an, als wäre ich sein Freund gewesen, nicht seine Frau. Wenn wir spazieren gingen, nahm ich ihn unter dem Arm und allen Leuten schienen wir ein ganz normales, glückliches Paar zu sein. Wenn sie nur gewusst hätten...Und das tötete. Das Gefühl von Lüge und Leere. Wie lang' noch sollte ich mich selbst und die anderen belügen? Und so war's Monate lang...

Ich sehnte mich immer mehr nach Liebe und Zärtlichkeit... Meran ist eine wunderschöne Stadt, wo die Sehnsucht nach Liebe und Leben immer stärker wird.

Mit den wundervollen Häusern und Terrassen voll mit Blumen, den Palmen und mit Schnee bedeckten Bergen. Ein Paradies auf Erden. Im Hotel sehe ich täglich Gäste, wie sie sich liebten, jung und alt, ich beneidete sie. Ich war alleine, wie ein einsamer Wolf. Ohne Mann der mich liebte, ohne meine Kinder. Die fehlten mir am meisten...Ich dachte ich würde verrückt werden vor lauter Sorge und Sehnsucht nach ihnen. Vielleicht, dachte ich mir, wenn ich eine Wohnung finden würde, wo wir zusammen leben könnten, vielleicht würde es anders werden. Dann könnten wir auch die Kinder holen. Vielleicht würden wir uns näher kommen? So las ich täglich die Zeitung mit Anzeigen und hoffte ich würde schnell eine entsprechende Wohnung finden und zusammen mit Zarko einziehen.

In kürze fand ich eine Zweizimmer-Wohnung und wir zogen schnell ein. Wir kauften alles was wir brauchten und richtete sie schön ein, sodass es sehr gemütlich war dort zu wohnen. Endlich hatte ich mein eigenes Reich im Gegenteil zum Zimmer, das ich im Hotel hatte. Zwischen Zarko und mir änderte sich nichts, als wir zusammen einzogen. Die starke Gleichgültigkeit war auch weiterhin anwesend. Man spürte sie in der Luft. Es kam mir vor, man konnte sie mit einem Messer zerschneiden. Beidseitig. Na ja, ich gab mir allmählich Mühe die Situation leichter zu machen. Ich versuchte die Verhältnisse zu verbessern, etwas Wärme in unsere vernichtete Ehe einzuführen, aber erfolglos. Es kostete mich viel. Meine innere Ruhe und Balance waren ganz zerstört. Mit meinen Gefühlen kam ich nicht mehr zurecht. Ich fühlte mich wie eine leere Stoffpuppe. Von außen hübsch und innen nichts. Er machte den Leuten auch weiterhin vor, dass wir uns gut vertugen würden, als wäre alles bestens zwischen uns. Wenn er mich mal in Anwesenheit unserer Bekannten umarmte, kämpfte ich stark dagegen, seinen Arm nicht vor Übelkeit wegzuschieben. Ja, mir war schlecht von ihm. Vor anderen Leuten umarmte er mich und zu Hause war ich für ihn tot. Wie absurd.

Wenn ich auch mal versuchte mit einem Gespräch über unsere Verhältnisse anzufangen, bekam ich immer die selbe Antwort: „Wenn es dir so nicht gefällt, suche einen anderen. Keiner hat etwas dagegen! Ich habe keine Lust.Geh, komm aber danach nach Hause". Es war ihm ganz egal. Ich fühlte mich wieder elend, billig und gedemütigt. Als wäre ich die schlechteste und hässlichste Frau gewesen.

Hatte er wirklich Interesse an gar nichts? Mit wem hatte ich so viele Jahre verbracht? Und dann sagte ich mir, ich würde einen anderen suchen und zwar dringend. Ich fing an Tag und Nacht daran zu denken. Ich wollte einen Mann fürs ganze Leben, nicht nur für eine Nacht. Und es musste ein Deutscher sein! Einen Serben mochte ich nie wieder. Es würde hoffentlich bald der Tag kommen, an dem ich so einen Mann begegnen würde, den ich mir wünschte.

Dann habe ich in einem Restaurant einen Arbeitsplatz gefunden und hatte Kontakt mit vielen Leuten. So überzeugte ich mich davon, was ich bereits schon wusste- dass die Deutschen wundervolle Menschen sind. Ich servierte das Mittagessen und traf täglich verschiedene Paare. Es war schön zu sehen, wie aufmerksam die Männer zu ihren Frauen waren. Ich wünschte mir auch so einen Mann! Ein Deutscher und niemand anders! Nur, wie sollte ich einen Partner finden? Ich arbeitete Tag und Nacht, hatte überhaupt keine Gelegenheit für sowas. Ein Restaurant war kein Ort für Partnersuche. Man müsste in Discotheken gehen und ich hatte weder Lust, noch Zeit für so etwas. Abends, als ich von der Arbeit nach Hause kam, fiel ich vor Müdigkeit ins Bett und es war mir nicht nach solchen Dingen.

In dieser Nacht hatte ich sehr schlecht geschlafen. Als ich aufwachte, war ich ganz kaputt und lustlos mit einem blöden Gefühl in der Seele. Als ob mich etwas neues erwartete. Aber was? Ich bediente die Gäste, trug die schweren Pizzateller und von Tag zu Tag waren sie irgendwie schwerer als am vorherigen Tag. Meine Hände taten von der Last weh. Meine Chefin beobachtete mich, wie ich von Tisch zu Tisch ging, aber sie war nie ganz zufrieden. Am Besten wäre es gewesen, wenn ich fliegen konnte, dann wäre ich schneller und für sie billiger gewesen.

Ich lächelte jeden Gast an. Das war meine Pflicht. An dem Tag war mein Lächeln irgendwie sauer, künstlich. Das war stärker als ich. „Guten Appetit"-sagte ich zum Gast und sah mir, wie nach Befehl, den Mann zu dem ich es gesagt hatte besser an.

Zwei Augen mit tiefem Blick unter dicken, großen Augenbrauen trafen mich bis in die Knochen. Ach du lieber Gott! Was für ein großer Mann! Wie große und kräftige Hände er nur hatte! Ich war geschockt. Ein großer Mann mit großen, kräftigen Händen im Arbeitsanzug. Genau wie es mir meine Nachbarin aus den Karten vorhergesagt hatte. Sie hatte Dinge vorhergesagt, die sich auch erfüllten.

„Du wirst einen Mann, der groß und in einem Arbeitsanzug sein wird begegnen und er wird deine große Liebe werden!"-gingen mir ihre Worte wie ein Blitzstrahl durch den Kopf. Es konnte nicht sein, dass er das war! Ich bekam Angst und wollte weglaufen. „Warte bitte, ich beißt doch nicht!" Ich blieb wie gefesselt und starte ihn wie hypnotisiert an. „Ich warte morgen um vier auf dich, wenn du mit der Arbeit fertig bist"-gab mir noch ein hohes Trinkgeld und ging. Ich guckte hinter ihm her als er ging, sich in seinen Furgon setzte und verschwand. Würde er wirklich kommen?

Meine Gefühle wurden unruhig. Ich bekam vor allem Angst. Ich spürte, dass er mein Mann sein würde! Ich bekam Angst vor dem Unbekannten. Einerseits Zarko, auch wenn wir nichts mehr gemeinsames hatten, war er immerhin noch mein Mann und andererseits er, unbekannt. Was würde wohl aus all dem werden? Stärker als die Angst war das Glück, dass ich fühlte. Er kam! Ich hatte das Gefühl ich konnte fliegen, alles war auf einmal schöner, die Sonne schien stärker und der Himmel war heller. Meine Seele war heller. Ich spürte, dass glücklichere Tage auf mich zukommen würden. Der Mann war für mich gedacht, nur für mich. Ich wusste gar nichts, weder wer er noch was er war. Ich wusste nur er hatte schöne Augen, obwohl er mir einen scharfen Blick schenkte. Dazu war er Deutscher und ich wollte einen Deutschen. Der Rest des Tages war der längste meines Lebens. Ich fühlte mich wie ein junges Mädchen an ihrem ersten Date. Und ich war eine geschiedene Frau. Eine Mutter von zwei Söhnen. Auf einmal schämte ich mich.

War ich überhaupt noch normal, was machte ich da? Wie konnte ich mir solche Gefühle erlauben? Ich sollte mich schämen! Wiederrum, warum auch nicht? Ich hatte auch das Recht auf Liebe, wie alle anderen. Ich konnte vor lauter Aufregung und Angst, dass er mich belogen hatte und nie wieder auftauchen würde, kein Auge zumachen.

Er wartete genau vor dem Restaurant auf mich, dann gingen wir zu Fuß bis zum anderen. Während er sprach, nickte ich nur mit dem Kopf wie eine Holzpuppe mit geschlossenem Mund. Ich war sprachlos, wusste nicht was ich sagen sollte. Als er mich beobachtete, hatte ich das Gefühl ich wäre unter einer Röntgenaufnahme. Er durchprüfte mich mit seinem Blick und dringt so tief bis in meine Seele ein, dass ich Angst bekam. Gott, was wird er sich nur denken, wenn ich ihm meine „schöne" Geschichte erzähle, vielleicht wird er sich umdrehen und gehen. Dass ich verheiratet oder nicht verheiratet war, zwei Söhne hatte die ich über alles mehr liebte und eine Hypothek aufs Haus. Sollte ich ihm das alles sagen oder nicht?

Bis ich darüber nachdachte, überhörte ich seine Frage ihm etwas über mich zu erzählen. Als hätte er meine Gedanken gelesen. „Sonst bin ich geschieden, habe fünf erwachsene Kinder, alle volljährig und leben ihr eigenes Leben und ich bin ziemlich einsam. Ich möchte jemanden bei mir haben, der mich liebt und den ich lieben kann. Komm, erzähl' mir von dir!" Er deckte meine kalten Finger mit seinen großen, warmen Händen ab.

Wärme und Leben drangen in mich ein! Ich hatte sowas noch nie gefühlt! Wärme und Schutz. Es kam mir vor, als hätte ich ihn mein ganzes Leben lang gekannt. Er hatte auf mich gewartet, dass ich kam und ich hatte ihn gesucht und gefunden!

Meinen Josef. Alle Bremsen wurden gelöst und ich fing endlich an, meine Geschichte zu leben. Ich hatte ihm innerhalb einer Stunde alles erzählt und ich wusste tief in meiner Seele, dass er mich nicht ablehnen, mich möchten und verstehen würde. Er nahm mich nur in den Arm und sagte-„Jetzt bin ich ja da".

Und das bedeutete mir mehr als alle Liebessprüche und Versprochen. Ich wusste ich würde ihn über alles lieben und geliebt und beschützt sein werden, allein dadurch auch meine Kinder. Ich spürte, dass wir uns vollkommen auf ihn verlassen konnten.

Mein Josef.

Wir waren zwei Tage nach unserer Bekanntschaft im Bett gelandet und ich bereute es nicht. Ich fand das was ich in meinen Träumen suchte und in den Romanen las.

Anderseits hatte ich ein schlechtes Gewissen und Angst vor Zarko. Was würde er sagen wenn ich ihm sagen würde, dass ich einen anderen Mann gefunden hatte, den ich liebte? Ich fürchtete mich, obwohl er mir immer sagte, dass ich einen anderen suchen sollte und ich ein Recht darauf hatte. Immerhin teilten wir die selbe Wohnung und hatten Kinder, auch wenn wir geschieden waren.

Ich traute mich nicht ihm die Wahrheit zu sagen. Ich erklärte ihm, ich würde bei einem Mann putzen und dort übernachten. Er nahm die Nachricht ganz ruhig an, aber er wollte nur, dass ich das Geld für die drei Stunden nach Hause bringe. Ich konnte meinen eigenen Ohren nicht glauben. Es war ihm wichtig, dass ich das Geld brachte, alles andere überhaupt nicht. Ich fühlte mich wie eine Prostituierte in den Augen meines Mannes. Und ich dumme Gans hatte ein Beileidgefühl für ihn!

So war es auch in den nächsten zwei Monaten. Jedes Wochenende verbrachte ich mit meinem Josef, lebte die schönsten Tage meines Lebens, fühlte mich in seiner Nähe wie eine Prinzessin. Ich schickte meinen Kindern das Geld, das er mir gegeben hatte. Dem Zarko gab ich regelmäßig das Geld für drei Stunden meiner Arbeit, wie er es beschrieb.

Die Frist für die Hypothekenzahlung unseres Hauses lief ab. Wir hatten viel gespart, aber es fehlte noch dreitausend Mark. Ich konnte nicht mehr verdienen.

Zarko versuchte es nicht mal, es interessierte ihn nicht mehr. Die Antwort zu all dem war-„Frag deinen Liebhaber, ich habe kein Geld mehr und wenn wir das Haus verlieren, wird es deine Schuld sein, nicht meine". Idiot! Ich hasste ihn und er war mir abscheulich.

Ich musste mit Josef sprechen. Er war meine einzige Hoffnung. Ich wusste, er hatte Geld, aber ich schämte mich ihn danach zu fragen. Ich hatte keine Auswahl. Am Abend war ich bei ihm und sagte ihm die Wahrheit, dass mir noch so viel Geld für die Rückzahlung fehlte, dass ich sonst das Haus verlieren würde. Er beobachtete mich nur und sagte nichts. Das Schamgefühl zerfraß mich. Wir kannten uns doch erst zwei Monate lang und ich fragte ihn schon nach so einem hohen Geldbetrag?

Was würde er nur von mir denken? Dass ich eine von den Ausländerinnen bin, die nur Geld wollen?!

„Hier. Und sei nicht mehr traurig. Schaff dir auch diese Sorge vom Hals"-und er umarmte mich. In seiner Umamrung heulte ich meine Seele aus. Mein Mann, der sich um mich kümmert. Was für ein schönes Gefühl das nur ist! Ich wünsche jeder Frau, dass sie so etwas fühlt und hat. Es ging nicht mehr ums Geld, sondern um das Gefühl von Sicherheit und Geborgenheit, die ich bei ihm hatte und mir mein ganzes Leben lang fehlten. Ich wusste, dass die Zukunft es gut mit mir und meinen Kindern meinte und dass alles gut sein würde. Ein Josef war da. Mein Josef. Wie schön sich das anhört...

Ich brachte das Geld zu Zarko. Er nahm es ganz normal, als ob es selbstverständlich war, dass ihm seine Frau das Geld vom Liebhaber bringt und ging nach Hause um das Haus von der Hypotheke zu befreien. Vor zwei Jahren hatten wir Hypothekenschulden in Höhe von hundertzwanzigtausend Mark. Nach dem Geschpräch mit dem Mann, der uns das Geld geliehen hatte, wurde der Betrag auf dreißigtausend gemindert. Mein noch damaliger Ehemann, hatte mich nie gefragt wie ich den Betrag auf die Summe zurückgesetzt hatte. Es war wichtig, dass die Summe niedriger war. Und mir war übel, von ihm und mir selbst. Nur, all das war nicht wichtig. Das Haus wurde gerettet und meine Kinder hatten ein Zuhause. Sie würden nicht auf die Straße rausgeschmissen werden und das war das wichtigste.

Am Wochenende war ich, wie in den letzten Tagen, bei Josef. Darko hatte mich angerufen, obwohl er wusste wo ich war. Er konnte mich natürlich nicht erreichen.

Das erste was mich Zarko am nächsten Tag fragte war, wo

ich gewesen war, als ob er es nicht wusste. Er war wütend. Selbstverständlich sagte ich ihm, dass ich bei Josef war. Er hatte mich so fest geschlagen, zum ersten Mal im Leben, dass ich auf den Boden fiel. Ich weiß nicht wie lange ich so da lag, ich verlor das Bewusstsein.

Das erste was ich sah, als ich zu mir kam, waren seine Augen direkt vor meinen und seine Hände an meinem Hals. „Ich werde dich umbringen, du verdammte Hure!"-und drückte an meinem Hals immer fester.

Ich dachte ich würde vor Angst sterben, nich von seinen Händen. Oh Gott, war das mein Ende? Ich sah alles wie durch Nebel und mit irgendeiner außermenschlichen Kraft, schaffte ich es mich herauszuwühlen, ins Zimmer wegzulaufen und abzuschliessen. Er schlug an die Tür und drohte er würde sie aufschlagen, wenn ich nicht öffnen würde. Zum Schluß beruhigte er sich und man hörte wie er die Wohnung verließ. Langsam mit zitternden Beinen und großer Angst, dass er vielleicht hinter der Tür stehen würde, lief ich raus aus der Wohnung. Ich rannte weg und wusste nicht wohin. Zu Josef konnte ich wegen meinem Schamgefühl nicht. Aber ich fürchtete mich auch, dass er die Polizei anrufen würde, er hätte das sicher getan. Ich konnte es nicht zulassen, wegen der Kinder.

Und das schlimmste daran, in diesen Momenten suchte ich eine Entschuldigung für ihn, nicht für mich. Vielleicht hatte er recht. Vielleicht hatte ich es verdient.

Vielleicht hatte meine Mutter recht als sie sagte, dass ich bei ihm bleiben sollte.

Wir hatten Kinder und so viele gemeinsame Lebensjahre. Ich sollte auch weiterleben, wie ich es die ganze Zeit getan hatte. Ohne Liebe und Glück! Der Verstand sagte eins und das Herz etwas anderes. Ich will und kann nicht. Ich hatte ein Recht aufs Glück! Und jetzt, als ich es gefunden hatte, würde mir es niemand wegnehmen! Auch wenn ich noch tausend Mal Schläge bekommen würde.

Ich drückte mit meinen Händen meine leere Tasche zusammen, als würde sie mir Kraft geben. Ich schämte mich vor mir selbst, weil ich in so eine demütigende Lage gelangen konnte.Die Frauen die von ihren Männern verprügelt wurden, taten mir immer Leid. Und jetzt befand ich mich in einer gleichen Lage und es gibt keine Wörter mit den man das schreckliche Gefühl beschreiben könnte.

Ich ging zu einer Bekannten,Vera. Sie war geschockt, als sie mich mit meinen durcheinander geratenen Haaren und ganz außer sich sah. Ich rollte mich auf einem Sessel zusammen und haulte wie ein verwundeter Hund. Die Prügel taten nicht mehr weh, mir tat das Schuldgefühl weh und die Tatsache, dass es dazu überhaupt gekommen war. Das Gefühl, das mir meine Eltern in den Kopf eingeflößt hatten, dass ich immer an allem schuld war, gab mir keine Ruhe.

„Du hast sie nicht mehr alle! Jetzt werde ich dich gleich schlagen!"-schrie mich Vera an. „Dieser Affe hat dich verprügelt und du bist schuld?! Hey, wach auf! Niemand hat Prügel verdient! Du erst recht nicht!" Sie tröstete mich und schaffte es auch einigermaßen. Ich blieb noch einen Monat lang bei Vera. Natürlich bezahlte Josef die Miete, da ich aus dem Haus weggelaufen war und keinen Pfennig mitgenommen hatte. Ich hatte keine Zeit darüber nachzudenken, ich wollte mich nur vor der Schläge retten

.Zarko hatte mich heimlich verfolgt nach den Arbeit bis zu Veras Wohnung ,so wuste er wo ich war.Er kam dann jeden Tag und weinte vor der Tür, da wir ihn nicht rein in die Wohnung ließen. Er bot mir zurückzukommen und versprach mir goldene Berge. Ich wusste, dass es ihm leid tat. Auf eine seine komische Art liebte er mich ja und konnte es nicht fassen, dass er mich für immer veroloren hatte.

Irgendwie tat er mir leid, als Mensch. Es war nicht seine Schuld, dass er nicht lieben konnte, so wie ein Mann seine Frau lieben sollte, nicht so als wäre sie sein Eigentum, sondern seine Frau. Alle diese Gedanken verschwanden in Josefs Umarmung. Als er mich fest in seinen Armen hielt und sagte, dass alles gut sein würde wusste ich, dass es auch so sein würde. Ich war dem Gott dankbar, dass ich ihn hatte. Was für ein Leben würde ich ohne ihn haben? Überhaupt keins.

Einen Monat später zog ich zu Josef um. Er wollte nicht mehr dass wir getrennt waren. So begann unser gemeinsames Leben. Ein schönes, aber einigermaßen auch schweres Leben. Zwei verschiedene Mentalitäten hatten sich getroffen... Zwei verschiedene erwachsene Personen mit schwerer Vergangenheit, verletzlich, jede auf ihre Art. Und zwei starke Persönlichkeiten. Am Anfang tat es mir gut, es imponierte mir nur eine Frau zu sein. Mit meinem ehemaligen Ehemann war ich alles, nur keine Frau. Ich musste alleine um alles sorgen und um alles kämpfen.

Hier entscheidete Josef über alles. Nicht, dass er mich nicht nach meiner Meinung fragte, aber zum Schluß war es immer wie er es wollte. Er ließ nicht nach, er war es gewohnt , dass es sein sollte wie er es sagte und ich wiederrum, wie ich es wollte... Wir hatten uns manchmal gestritten, was wir immer im Bett klärten und alles war wieder in Ordnung.

Wir hatten noch ein großes Problem-meine Eifersucht.

Vorher war ich nie eifersüchtig gewesen. Jetzt war es lustig überhaupt auch zu denken, dass eine Frau mit ihren vierzig und noch was eifersüchtig sein könnte. Aber ich war es. Und zwar krankhaft eifersüchtig. Daran scheiterte fast unser Beziehung, Mein klarer Verstand sagte mir, dass ich wenn ich so weiter machte, alles schöne verlieren würde, aber mein Herz reagierte anders. Keine Frau durfte ihn nur angucken, ich sah sofort eine mögliche Gefahr. Ich fürchtete, sie würde ihn mir wegnehmen. Zum Schluss sagte er mir, dass er nur

mich liebe und meine Minderwertigkeitskomplexe, die ich aus der ersten Ehe mitbrachte zu heilen und das gab mir wieder einen klaren Verstand. Er hatte recht! Wenn es nicht beim ersten Mal geklappt hatte, hieß es noch lange nicht, dass es beim zweite Mal nicht klappen würde.

Er bewies mir auf tausende Arten, dass er mich liebte, aber ich sah das nicht. In meinen Gedanken war er mit anderen Frauen und die Angst, dass sie ihn mir weg nehmen würden. Langsam lernte ich ihm zu vertrauen, dass er nur mich liebte und keine andere. Aber es war nicht leicht. Heute lachen wir darüber, wenn da von reden.

Meine Kinder kamen in kurzer Zeit auch nach Italien. Josef hatte dem Stefan geholfen, eine Arbeit in einer Firma zu bekommen, was mit eine Diplom als Maschinebauingenieurs nicht schwer war. Darko meldete er bei sich in seine Firma an, so dass beide da waren. Sie lebten bei ihrem Vater, nicht mit mir. Der Vater wollte nicht alleine sein. Er heulte und weinte, beschwer sich, dass ich ihn allein und elend verlassen hatte. Und das nahmen die Kinder ihm auch ab, die jetzt schon erwachsen sind .Sie wiederholten seine Geschichte, dass es von mir nicht schön gewesen sei, ihn zu verlassen als er schon fast fünfzig war. Warum hatte ich ihn nicht früher verlassen, als er jünger war...Als hätten sie es nicht gewusst! Ich hatte gewartet bis sie erwachsen und selbständig waren, gekämpft um sie auf den richtigen Weg zu bringen und jetzt sagten sie sowas zu mir.

Und das schmerzte mehr als alles. Nichts tut mehr weh, als die Verurteilung der eigenen Kinder. Ohne dessen Urteil, war es schon schwer genug, da wir nicht zusammen waren, für sie kochte und um sie um sorgte wie in all den vergangenen Jahren, anstatt dieser neue anderen Frau, mit der ihr Vater sehr schnell Trost gefunden hatte und sie in die Wohnung brachte, obwohl er mich, wie er sagte, immer noch liebte. Ich wünschte ihm das ganze Glück der Welt und war selbst glücklich, dass er jemanden gefunden hatte und nicht alleine war. Er war eifersüchtig, weil ich meinen Josef und einen richtigen Mann gefunden hatte. Den Kindern hatte er verboten sich mit mir zu treffen. Wir trafen uns heimlich. Das dauerte nicht lange. Stefan ließ es nicht zu. Langsam sahen sie beide ein, dass es so besser war. Es gab keinen Streit mehr. Ihre Mutter war glücklich und der Vater auch, so kam alles langsam in Ordnung. Man brauchte nur viel Zeit. Wie viele Nächte ich nur in Josefs Armen, wegen meiner Kinder geweint hatte... Ich sehnte mich nach ihnen und er tröstete mich, dass eines Tages alles an seinen Platz kommen würde und so war es auch. Es ist ein wunderschönes Gefühl, wenn du deine Traurigkeit und Glûck mit dem Mann den du liebst, teilst kannst. Wenn du alles, aber wirklich alles mit ihm teilen kannst. Gutes und schlechtes. Das ist das größte Reichtum.

Meine Mutter konnte es nicht akzeptieren, dass ich Zarko verlassen habe.Die erste Reaktion war, als sie mir sagte sie würde es bereuen, dass sie mir Blut gespendet hatte als ich drei Jahre alt war, weil ich krank gewesen war. Es wäre besser gewesen, wenn hätte mich sterben lassen als ich sie jetzt über so eine Schande bringen würde. Ich konnte meinen Ohren nicht glauben. Es tat bis das Herz weh.

Aber ich tröstete mich damit, dass sie sauer auf mich war und es nicht wirklich so meinte.

Einmal im Monat rief ich sie an, um jedes Mal beschimpft und gedemütigt zu werden. Jedes Mal sagte ich mir, ich würde sie nicht mehr anrufen. Aber ich konnte es nicht aushalten. Ich rief sie immer wieder an und wurde beschimpft.

Wenn ich mit Josef nach Serbien fuhr, musste er im Auto warten, während ich eine halbe Stunde bei ihr verbrachte und mir ihre Fluche und Beschimpfungen anhörte.

Danach brauchte ich immer viel Zeit mich zu Beruhigen

und mein Gleichgewicht wieder beckommen.Ich war für sie schlecht, aber mein Geld das ich ihr brachte nahm sie immer. Das war gut genug.Ich schämte mich für sie. Wie konnte sie nur so sein?

Josef konnte nicht verstehen, weshalb ich wegen ihr taurig war. Wenn sie mich nicht wollte, sollte ich sie vergessen. Ich konnte aber nicht. Es war meine Mutter.

Meine Mutter erkrankte an Dickdarmkrebs und ihr ging es sehr schlecht. Ich rief sie fast jeden Tag an, um zu fragen wie es ihr ging, in der Hoffnung sie würde mich wenigstens in den schweren Momenten Ihres Leidens einladen zu kommen, um mit ihr ihren Schmerz zu teilen. Ich Leidete sehr daran, dass wir uns nie näher gekommen waren und sie mir nie verzieh, dass ich Zarko verlassen hatte. Ich war jetzt schon zehn Jahre mit meinem Josef zusammen und sie kannte ihn immer noch nicht. Es lag mir sehr daran, dass sie ihn akzeptierte, sie sah was für ein guter Mensch er war und dass er so viel gutes für unsere ganze Familie getan hatte und hatte mich glücklich gemacht! War das zu wenig? Ich fürchtete mich davor, dass sie gehen würde und dann wäre alles zu spät gewesen.

Dann Endlich kam auch der Tag. Sie sagte ich sollte mit ihm kommen.Was für eine Das Krankenhaus sah so arm aus. Wie im ersten Weltkrieg. An der Fassade pröchelte der Putz ab und Löcher, als wäre es durch löchter gewesen von

Krieg .Vorne , an der Eingangstür aus Metall, die bei jedem öffnen quitschte, lang ein Haufen von Plastikflaschen und und weggeschmissenen Nylon.

Meine Mutter saß direkt bei dem Müll in einem gestreiften Pyjama, als wäre sie gerade aus dem Gefägnis gekommen, mit einem Stock in der Hand und wartete auf uns.Wir gingen sie zusammen mit meinen Kindern besuchen. Ich war den Kindern

dankbar, dass sie dabei waren, denn ich brauchte ihre morale Unterstüzung. Josef

bekam fast ein Schock, als er das alles sah, das Bild von Armut und Elend. Er war

so etwas nicht gewohnt von einen Krankenhaus . Er fragte mich, dass die Patienten

alle den gleichen Pyjama wie für Gefangene trug. Ich musste lachen.

Drei Jahre sind vergangen, seit mein Josef und ich zusammen leben. Heute ist mein glücklicher Tag. Meiner und Josef seiner. Der Tag unserer Trauung. Wir werden ihn gemeinsam mit meinen Kindern verbringen. Sie haben Josef akzeptiert und das bringt mir seelische Ruhe und Glück. Mit meiner Eifersucht ist es vorbei, es ist nur etwas, wenig davon geblieben. Jetzt weiß ich, dass er mir gehört und meine Angst, dass ich ihn verlieren würde, gibt es nicht mehr.

Wir hatten ein schönes Leben. Ein Leben, das ich mir immer gewünscht hatte und wovon ich immer träumte, natürlich mit allen Höhe und Tifen die es in jeder Lebensgemeinschaft gibt. Mein Josef half immer meinen Kindern, wenn die etwas brauchten, besonders finanziell.

Meine Kinder sind keine Kinder mehr, sondern Erwachsene. Beide glücklich

verheiratet und haben beide ein Töchterchen. Sie leben gut

und sind zufrieden, so dass ich auch zufrieden und glücklich bin.

Eine Mutter braucht nicht mehr als Glück eigenes Kinder.

Den Töchtern meines Bruders, der Vera und Mila, als auch dem Sohn Mirko, haben wir in der Zwischenzeit geholfen, dass sie nach Italien kommen. Alle haben ihre eigene Familie, haben Kinder, sind fleißig, arbeiten alle und haben ein schönes Leben. Die jüngste Schwester haben sie geholt und ihr geholfen mit allem zurecht zu kommen. Sie ist auch verheiratet und hat einen Sohn.

Ich hatte meine Mutter, nach zehn gestohlenen Jahren, wieder in den Armen. Sie war ganz mager und dünn. Mir war zum Sterben zumute vor Schmerz. Warum hatten wir all diese Jahre verloren?

Jetzt war uns nicht viel Zeit übrig geblieben. Gott allein wusste, wie lange sie noch so leben würde. Ich erwartete, dass sie wenigstens jetzt zeigen würde, dass sie es etwas bereuen würde, weil sie die Ursache unserer zehnjährigen Trennung gewesen war. Nichts. Sie blieb kalt wie immer. Man konnte nur die Angst in ihren Augen sehen, Angst vor dem Schmerz und Tot. Ich wollte ihr helfen, aber wusste nicht wie. Sie begrüsste Josef und sagte, dass er anscheinend ein guter Mensch sei.

Sie starb zwei Jahre später und ließ ein große Leere in mir, aber wiederrum kam auch die Ruhe, dass sie die schlimmen Schmerzen, die sie hatte, nicht mehr ertragen musste. Durch ihren Tod kam wieder das Gleichgewicht meiner Seele zurück, das ich durch ihre Ablehung und Erkrankung verloren hatte.

Sie leidete sehr, keiner konnte ihr in dem Leid helfen und das tat mir sehr weh. So war sie von allem erlöst und ich hoffe Ruhe und Frieden gefunden haben.

Ich wurde von allen Leiden befreit und genoss das Glück, dass mir von jemandem oben geschickt wurde, meinen Josef und meine Kinder. Meine Wünsche für ein schönes und glückliches Leben wurden erfüllt und ich habe alles unter Kontrolle, wie mein Sohn Stefan immer sagt-„Mama, alles ist unter Kontrolle." Ich denke, dass „meine Brücke" eine große Rolle in meinem Leben gespielt hat. In meinen Träumen versuchte ich immer auf die andere Seite zu kommen und ich bin mir jetzt sicher, dass es die Schwarze Seite war. Hätte ich das geschafft, glaube ich dass ihr jetzt diesen Roman nicht von mir lesen würdet. Gerettet wurde ich im Moment als ich die Brücke fand und mich unterdessen für die schönere, glücklichere Seite entschloss-für das GLÜCK.

Über Autorin und ihre Roman
Mara Miskovic Krezdorn wurde am 15.10.1952 geboren.

Heute lebt sie in Italien (Südtirol), als Frau von Deusche Staatsbürger, Mutter von zwei Erwachsenen Söhnen, eine ervolgreiche Geschäftsfrau und Autor des Romans ähnliche Themen genant "Neues Leben".

Mara Krezdorn
Der Blick in ein Leben

Korrekturlesen:
Dusica Knezevic

Textumbruch:
Dragan Lazarevic

Cover:
Dragan Lazarevic

ISBN 9788890805745

ПРОСВЕТА

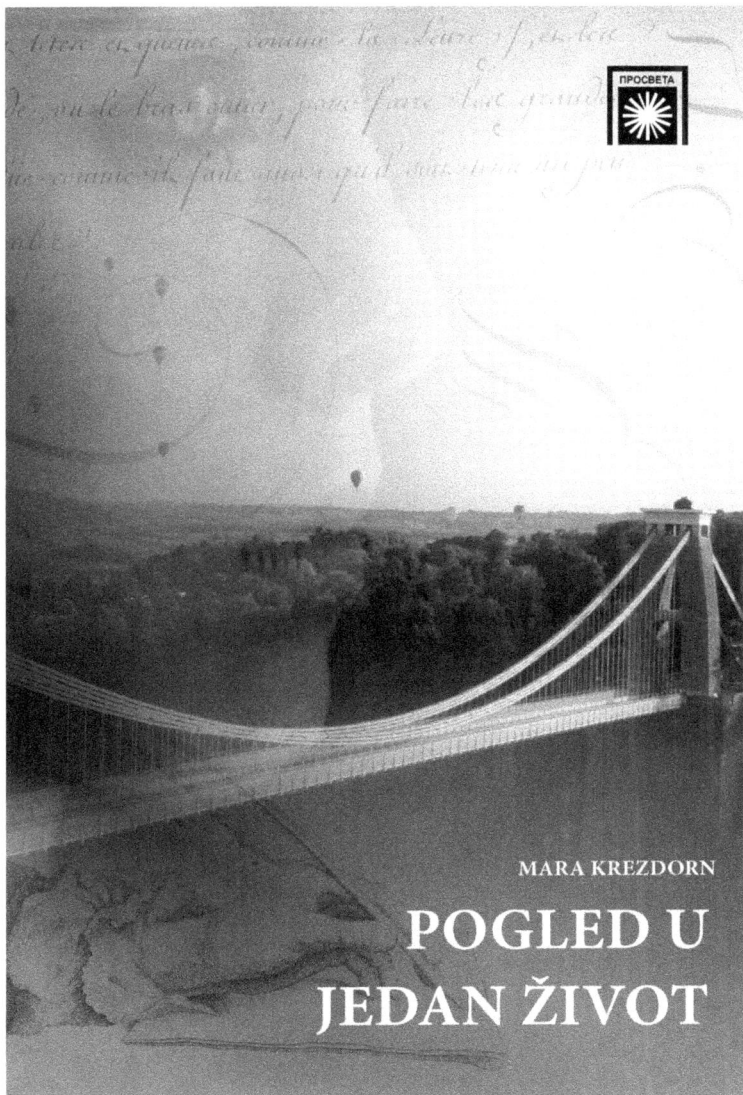

MARA KREZDORN

POGLED U
JEDAN ŽIVOT